当代英语语言学理论多维视角研究

张　利◎著

北京工业大学出版社

图书在版编目（CIP）数据

当代英语语言学理论多维视角研究 / 张利著. — 北京：北京工业大学出版社，2019.11（2021.5 重印）
ISBN 978-7-5639-7091-9

Ⅰ. ①当… Ⅱ. ①张… Ⅲ. ①英语一语言学一研究 Ⅳ. ① H31

中国版本图书馆 CIP 数据核字（2019）第 236219 号

当代英语语言学理论多维视角研究

著　　者：张　利
责任编辑：邓梅菡
封面设计：点墨轩阁
出版发行：北京工业大学出版社
（北京市朝阳区平乐园 100 号　邮编：100124）
010-67391722（传真）　bgdcbs@sina.com
经销单位：全国各地新华书店
承印单位：三河市明华印务有限公司
开　　本：710 毫米 ×1000 毫米　1/16
印　　张：11
字　　数：200 千字
版　　次：2019 年 11 月第 1 版
印　　次：2021 年 5 月第 2 次印刷
标准书号：ISBN 978-7-5639-7091-9
定　　价：48.00 元

前　言

语言是人类特有的一种沟通方式。语言学是对人类语言展开研究的一门学科，能够反映出人类的本质。近年来，随着全球化程度以及文化交流的不断加深，英语的使用范围也逐渐扩大。在此背景下，英语语言学研究的深度以及广度也在不断地拓展。作为一门新式学科，英语语言学的历史不长，但是它所涵盖的范围越来越广。英语语言学主要由三个知识模块组成——理论启蒙、基础理论、研究方法。近年来，随着社会的不断发展以及我国对外开放的不断深入，英语语言学在国际交往中扮演的地位越来越重要。为了深入研究英语语言学，我们当今必须用多维的视角来看待这门新兴的学科，这有利于我们全面掌握这门学科。近年来，多维视角下的语言学研究已成为时代发展的新课题。

全书共八章。第一章为绪论，主要阐述语言的起源、语言的含义与分类等内容；第二章为当代语言学的理论流派，主要阐述传统语言学、历史比较语言学等内容；第三章为微观视角下的英语语言学，主要阐述语音语言学、词汇语言学等内容；第四章为微观视角下语言的交叉学科，主要阐述话语语言学、对比语言学等内容；第五章为宏观视角下的英语语言学，主要阐述社会语言学、认知语言学等内容；第六章为宏观视角下语言的交叉学科，主要阐述语言哲学、语言生态学等内容；第七章为语言学与当代英语语言教学，主要阐述语言学与语言教学、语言学与教学大纲的设计等内容；第八章为语言与当代英语语言学的发展，主要阐述语言的发展、当代英语语言学的发展与趋势等内容。

本书约 20 万字，由上海建桥学院张利撰写。为了确保研究内容的丰富性和多样性，作者在写作过程中参考了大量理论与研究文献，在此向涉及的专家学者们表示衷心的感谢。最后，由于作者水平有限，加之时间仓促，本书难免存在一些疏漏，在此，恳请同行专家和读者朋友批评指正！

目 录

第一章　绪论……1

第一节　语言的起源……1

第二节　语言的含义与分类……3

第三节　语言学的含义与分类……9

第四节　语言的结构与建构……15

第二章　当代语言学的理论流派……19

第一节　传统语言学……19

第二节　历史比较语言学……22

第三节　现代语言学……25

第四节　当代语言学……30

第三章　微观视角下的英语语言学……35

第一节　语音语言学……35

第二节　词汇语言学……38

第三节　句法语言学……48

第四节　语义语言学……60

第四章　微观视角下语言的交叉学科……69

第一节　话语语言学……69

第二节　对比语言学……70

第三节　比较语言学……72

第四节　演化语言学……77

第五节　模糊语言学……79

第六节　语料库语言学······82
第七节　系统功能语言学······85
第五章　宏观视角下的英语语言学······87
第一节　社会语言学······87
第二节　认知语言学······89
第三节　应用语言学······98
第四节　文化语言学······103
第六章　宏观视角下语言的交叉学科······111
第一节　语言哲学······111
第二节　语言生态学······114
第三节　语言伦理学······132
第七章　语言学与当代英语语言教学······137
第一节　语言学与语言教学······137
第二节　语言学与教学大纲的设计······141
第三节　语言学与语言测试······142
第八章　语言与当代英语语言学的发展······165
第一节　语言的发展······165
第二节　英语语言的发展······176
第三节　当代英语语言学的发展与趋势······180
参考文献······185

第一章 绪 论

语言学被视为各个民族和语系中的先进科学，在科学文化的发展过程中发挥着不可替代的作用。语言是一种重要载体，许多问题的处理和表达都要依靠语言来实现，语言学与其他学科相互融合、相互促进。特别是英语作为世界通用语，这种作用更为突出和显著。本章分为语言的起源、语言的含义与分类、语言学的含义与分类以及语言的结构与建构四部分。

第一节 语言的起源

一、语言的产生和发展

随着人类社会的发展，语言不仅产生了，而且还取得了相应的发展。在某个时期，在对语言的研究方面占据统治地位的是历史比较语言学，而在此期间，语言学研究的大部分内容都是语言历史，且该历史是由语言的起源与发展所建构成的。后来，随着结构主义语言学的出现，语言学的研究领域才得以扩展，但语言的起源仍是比较重要的一个研究对象。

我们都知道，人类产生语言的前提条件不仅包括交流的需要，而且也包括发声器官的形成。在劳动中，语言得以发展起来。所以，从某种意义上讲，语言的出现与劳动息息相关。

此外，随着生活条件和环境的变化，古代人类逐渐学会了直立行走，并且其发音器官也得到了极大的发展，从而使得其可以对各种语言做出调节。由此可见，劳动在一定程度上完善和发展了古代人类的发音器官和思维，进一步推动了语言的产生和发展。

总而言之，语言与人类两方面的起源息息相关。随着人类思维能力的发展，其语言能力也逐渐发展起来。由此可见，语言是两方面的产物，即一方面是人类进化的产物，另一方面是社会发展到一定阶段的产物。

二、对语言起源问题的认识

从 20 世纪 30 年代起，相关的考古学家、动物学家和计算机专家等就开始密切关注和研究语言起源的问题，并取得了一定的成果。具体介绍如下。

就考古学家而言，他们在对古人类化石脑容量进行测量的基础上，判断出其思维发展水平，从而推断出语言起源相对应的年代。相关的调查研究表明，处于旧石器时代晚期的晚期智人与现代人相比，其脑容量是相同的，即该时期的古代人类很可能已经具备了相应的思维水平，足以支持语言的产生。

对于人类的近亲黑猩猩的语言，部分动物学家进行了相关的探索和研究，结果发现黑猩猩既具备运用动作和表情进行简单交流的能力，又可以对各种交流信息进行合理的应用。除此之外，部分研究还表明，黑猩猩在经过适当的训练后，可以学会或者创造某些新的词汇或者用法。

与早期智人相比，晚期智人的发音器官得到了更加显著的改善，其发出清晰声音的可能性也更大。

此外，在对人类社会的发展进程进行分析的基础上，可以对语言起源的相关问题做出一定的推测。在漫长的旧石器时代，人类社会总是在缓慢地发展，然而，步入旧石器时代晚期后，这一发展速度却突然加快，由此可以推断出，人类很可能在此时期获得了语言这一技能。

对于语言起源的认识，人们在结合不同学科研究成果的基础上得到了新的看法，具体如下。

①在旧石器时代晚期，即晚期智人时期，有声语言就出现了。

②在人类漫长的进化过程中，语言逐渐形成。

③在有声语言出现之前，猿人或原始人就可以使用一些较为复杂的声音来实现信息的交流。

④后来，人类的思维水平不断提高，发声器官逐渐完善，在此基础上，其拥有了更为清晰的声音，最终促成了语言的形成。

“语言是由动物的叫声发展而来的”这一观点并非主观推测，而是基于新的科学资料所得到的新构想。当然，这些只是语言起源问题研究的一部分，随着科学与社会的发展，相关的研究将会进一步深化。

第二节 语言的含义与分类

一、语言的定义与属性

语言研究学家在进行研究时首先要考虑语言是什么，只有了解了“语言是什么”，才可以更深入地研究语言学的理论与应用。

（一）语言的定义

语言是一种特殊的社会现象，同时，对于人类而言，它也是一种不可替代的交流工具和思维工具。此外，它还是一种重要的为人们所普遍接受的符号系统，其基础为语音与音义相互结合。

语言是一种有关于声音和符号的系统，主要以物质的形式呈现出来。词汇是建筑材料，语法是结构规则系统。其中，人们在对语言进行识别时可以借助于发音和语言符号。此外，人类思维的逻辑规则可以通过一定的语法规则反映出来，而这种语法规则主要是指语言单词标记特定事物语言的规则。由此可见，在人类进行心理交流的过程中，语言作为一项工具占据着十分重要的地位。

从古希腊时期到现在，国内外学者对语言的定义有数百种，其中影响最大的有 100 多种。

作为人类最重要的交际工具，语言不仅不是持久的，而且还能立即消失，虽然能够利用文字的形式加以保存，然而也并不是完整的。在特定的话语描述情境中才需要语言，然而语言并不是一种产品，而是进行活动的一个过程。

语言不仅是一种思维工具，而且还是语音的集合，除此之外，还是社会的产物。语言是用来表达思想和感情的，它与社会组织和日常生活息息相关。对于任何一种语言来说，与其他语言都是有所区别的，一般情况下都是由文化来定义它的范畴和形式。语言可以说是人类最重要的一项交际工具。

除此之外，《韦氏新世界字典》中也提及了语言常见的几种释义。

①是人类的言语行为；

②可以用于交际；

③在语音与语义相结合的基础上相应的系统得以形成，从而可以实现思想与感受的表达；

④是一种书面表达组合系统的形式。

许多语言学家都从不同程度上关注这一释义，并通过视觉模式、动作模式、语言模式和听觉模式对其进行研究。这些不同的模式可以交互地生成和创建文本。当文本结合图像时，才催生了一些新闻报道、电视节目等。

由上述定义可见，语言的本质特征是非常明显的，但是，即使把所有的定义结合起来，也不能确保界定的全面性，也就是说，很难全面说明语言的本质。所以，至今还未出现一个统一的、普遍接受的、全面的定义。简而言之，语言是一种言语交际的形式和工具。

（二）语言的属性

1. 生理性

语言具有特殊的生理基础。有数以万计的语言处理机制存在于人类的大脑中，这也解释了为什么人类不同于动物，为什么婴儿能够迅速获得语言，为什么儿童在一定年龄后语言习得的速度会明显下降等问题，造成这些现象的原因主要是语言的生理性。也就是说，在人类的大脑中有两个部分控制着语言，即布洛克区和威尼克区，其中，语言的产生主要由前者负责，而语言的理解主要由后者负责。

2. 工具性

所谓语言，也就是交际工具的一种，对口头和文字进行了结合，即语言的工具性，这一属性主要体现在两个层面，具体如下。

（1）交际方面

语言是特定交际实践的产物。在某些情况下，人们会使用相应的语言，而只有在交际的基础上，人们才能真正学会怎样使用语言。只有不断地发展和改变交际中的语言，才能赋予语言新的生命。

（2）思维方面

语言不仅是思维的工具，而且还可以将人类的思维方式充分表现出来。在合理利用这些思维方式的基础上，语言学家可以总结和概括出人类思维的相关规律。此外，语言习惯和结构方式也会对人类的思维产生一定的影响。

3. 社会性

正是由于语言可以用来进行社会交际，所以具有明显的社会性。在历史的长河中，大部分语言都已成为常规语言，所以也就具有约定俗成性。

总而言之，对于人类语言的习得，心理和环境等因素会起到极大的制约作用。相比于其他动物的交际活动，人类的语言交际显得更为复杂。

二、语言的分类

（一）按结构分类

即以语言结构的特点来进行分类。

1. 词汇附着型语言

就这种语言来讲，当在句子里单纯地使用词汇时，其词形不能表达出相应的语法关系，只有用其他词汇附着在句子里，才能表达对应的语法关系。比如说在汉语中，表示时间必须加昨天、明天等词汇，只有这样，才能形成正确的表示语法关系的形式。

2. 字母附着型语言

就这种语言来讲，其主要特点是在一定的语法形式的基础上进行各种语言关系的表达，且这种语法形式是依靠词尾、前后缀（用一定的字母组合）等产生的。举例来讲，在英语、俄语中，主要依靠词尾和前后缀来表现词的性、数、格、位的变化。此外，在印欧语系中，大多数的语种都属于这一类型。

（二）按谱系分类

所谓“按语言的谱系分类”主要是指在进行语言分类时以语言的共同来源或亲属关系为依据。早在十九世纪，这一分类方法就已在欧洲的比较语言学中得到了广泛的应用，其主要依据为某一共同母语在分化过程中保留下来的多个方面的共同特征，其中包括语音、词汇、语言等。

人们以语言的谱系研究为依据，以语言亲属关系的远近为标准，对世界范围的语言进行划分，从而将其分成若干语系、语族和语支。其中，在亲属语言中，语系是范围最大的，而在语言之下可以分为若干的语族，其划分依据为彼此间关系的紧密程度。与此同时，对于同一语族的语言而言，还可以划分出不同的语支（或语群）等，而其划分依据主要是彼此间的亲疏程度。

根据语言发生学的谱系，可以将世界范围的语言划分成十几余种，其中主要的语系包括以下九种。

①汉藏语系。

②印欧语系。

③阿尔泰语系。

④马来—玻利尼西亚语系。

⑤闪—含语系。

⑥乌拉尔语系。

⑦高加索语系。

⑧南亚语系。

⑨达罗毗荼语系。

三、语言的功能

（一）语言可以传承文化

相比于语言，文字的出现要稍晚一些。因此，在文字出现之前，人们普遍以口耳相传的方式进行信息的传递或交换。此外，就语言来讲，在长期的使用过程中，其自身也有浓厚的文化烙印积淀下来，而人们关于语言的研究促成了语言学的诞生。一些语言有文化的“活化石”之称，主要是因为人们可以从语言的角度出发对人类社会的生存和发展进行成功的了解和观察。

随着社会的发展与进步，文字逐渐登上了历史的舞台。在我国的历史上，人类积累历史的重要方式之一就是无数文化典籍的流传，这不仅有利于传递丰富的知识信息，而且能够以保存物质的形式实现历史的传承，进而推动时代与社会的发展和进步。

（二）语言可以进行交际

1. 语言和言语

早在两个世纪以前，对于言语和语言，语言学就将其定义为两个完全不同的概念。而在 20 世纪，语言则正式成为了一门科学，其主要标志就是瑞士语言学家索绪尔的《普通语言学教程》的出版。

语言是一种不可替代的交流工具和思维工具，同时，它也是一种重要的为人们所普遍接受的符号系统。此外，人们在对语言进行识别时可以借助于发音和语言符号。可以说，语言是人类进行心理交流的一项重要工具。

然而，言语则主要是指个体的行为和结果，对言语进行划分可以将其分为两类，即外部言语和内部言语。通过对语言材料和规则的运用，人们进行交流的过程就是所谓的言语。人们的心理交流可以借助各种语言来实现。可以说，人们进行交流的重要工具就是各种各样的语言。在交际过程中，那些使用多种语言的人们所进行的相关活动都可以成为其中的言语。由此可知，语言作为一种客观现象存在于社会生活中，对于使用特定语言的人来说，它具有统一性，而就某种语言来讲，它所具备的语音和语法规则都是十分明确且稳定的。

2. 语言和言语的关系

（1）语言和言语的区别

概括来讲，语言和言语的区别主要有四点，具体如下。

①语言具有全民性，言语具有个人性。

②语言抽象，言语具体。

③语言有限，言语无限。

④语言是静态的，言语是动态的。

（2）语言和言语的联系

语言和言语既有所区分，又有所联系。就二者的关系而言，可以发现口头上和书面上写的话就是所谓的言语。语言本身是一种看不见、听不见的存在，只有借助于“言语”，人们才能真正地看见和听见。换句话说，语言存在于言语之中。言语是语言的起源，对于语言来讲，其生命来源就是社会成员的广泛运用，若是它没有得到充分的应用，则必然会失去生命力。

由此可见，语言存在于所有人的言语中。这主要是因为对于语言来讲，其表现形式就是言语，只有借助于一定的言语，我们才可以更好地完成语言的学习。在研究和讲授语言的过程中，要把言语作为重要的对象和出发点。

言语对语言有一定的依赖性。在交际过程中，重要的基础就是具有强制性的语言，它会对言语产生一定的规范作用。

（三）语言可以进行思维

众所周知，思维方式具有民族性，而语言与思维之间的关系又极其密切，所以说语言也具有民族性。人类的思维能力具有共性的特点，但我们不能因为这样就忽视语言的多样性，每个民族思维能力的高低不能单凭语言的多样性这一个单一的指标来进行判断。

一直以来，语言与思维的关系都受到语言学界的密切关注，但是，直到今天语言与思维的关系仍然没有得到完美的诠释，正因如此，语言学派对于两者之间的关系尤为重视，两者关系也逐渐成了大量学者研究的焦点。目前，对于语言是否先于思维、语言是否决定思维，语言学界仍然没有准确的定义。

1. 思维离不开语言

（1）什么是思维

与思考不同，思维过程是人们运用自己的思想对现实世界进行理解的过程。思维的种类繁多，主要包括抽象思维、感性思维、发散思维等。语言在抽象思维中是必不可少的，但是感性思维和发散思维对语言的依赖程度却是比较低的。思维是一种能力，是对人类思维和现实进行理解、分析和综合的能力。

（2）思维和语言

思维和语言并不是完全相同的，两者在功能和范畴方面存在着显著的差异，属于两种不同的社会现象。如果在思维中运用语言，那么思维中运用的语言和方言与实际运用的语言和方言具有相互对应性。正因如此，我们需要运用外语思维来学习外语，换句话说，这种语言始终贯穿在我们的思考之中。

由于用语言适当地表达和存储了认知活动的结果，人们可以对现有的结果直接进行推进，不需要对认知活动进行重新研究。思想必须以语言材料为基础，它不能与语言相区分。

2. 语言与思维的关系

首先，语言是思维的物质载体。语言中最小的单位语素、字、词、词组共同组成了我们所说的话，我们需要通过发声体（嘴巴）来将这些话表达出来，没有嘴巴，我们的思维就不能被充分地表达。思维不仅可以用说话来承载，还可以用写作来承载，但是写作也是在语言的基础之上的。在某种意义上，语言包含着主观意识，例如，不同的人具有不同的表述方式，但是却表达出了同样的效果，造成这种现象是由于人们的世界观、人生观、价值观是不同的。

其次，思维可以完善语言。有时，人们写东西可以做到一步到位，但是不能说他在写的时候就没有思考，只能证明他具有流畅的思维。人们在写文章或写信时，说什么是他们首先要考虑的问题，随之而来的就是写什么样的书面语言，最后根据需要修改和完善写出来的文章或信件，这个过程需要不断地思考和表达。汉语表达顺序与英语表达顺序之间存在着很大的差异，因为民族不同其语言习俗和语言习惯也不同。

第三节　语言学的含义与分类

一、语言学概述

（一）语言学的含义

1. 语言学是为了揭示语言及人类的本质

从不同的角度来看，不同的语言其本质是不同的，每一种语言都需要一种语言学来阐明其本质，因此，语言学家从不同的角度出发，运用不同的方法来研究语言，逐渐地出现了一些不同的语言学流派。语言学流派百家齐放，虽然某一种流派的影响对当时的社会和人们的意识产生了很大影响，但随着语言学家的不断创新和深入研究，这一流派总是会被修改和取代的。由此看来，总结出某一具体的结论并非语言学的真正价值所在。在语言学的发展历史进程中，虽然这些流派各不相同，属于不同的分支，但是其都是异同共存的。

2. 语言学是研究语言的一门学科

从科学的角度来看，语言学即一门专门的学科，人类的语言是其研究的对象。概括来讲，语言学对语言的本质、结构、功能和特征做主要研究。

纵观人类文明史，对语言的研究很早就引起了很多哲学家和逻辑学家的注意。但当时的研究还不能称为语言学，只能被叫作语言研究，原因是前人只对书面语言记录做研究。简而言之，就是对典籍做含义解释，或者对古书做校勘和训诂，又或者是进行哲学探讨。总的来说就是为了发展其他学科而进行的，对语言本身特性没有关注，因此，这些研究我们称之为文字学或语文学。

（二）语言学研究的起源

17、18 世纪，英国继续殖民扩张，印度成为殖民地，印度的梵语得到了来自欧洲的一些学者的注意，他们发现希腊语、拉丁语等这些来自欧洲的语言与之具有相似之处。在 1876 年举行的加尔各答皇家亚洲学会上，英国东印度公司的一名官员以论文的形式就梵语与欧洲的一些语言提出了假设，指出这些语言具有一定的关系。之后，语言的比较研究逐渐兴起并发展到了一定的高潮，历史比较语言学学科也受之影响，慢慢诞生并发展。随着历史比较语言学的发展，以往单一语言研究的局面被打破，语言学也逐渐发展为一门独立的学科，不再是哲学等其他学科的附属学科。

（三）语言学的分类

从上文中我们简单了解了语言学研究的起源，按照时代发展的不同，语言学大致上能分为四大类，即传统语言学、历史比较语言学、现代语言学、当代语言学，每个大类又可分为几小类，如图 1-1 所示。每一类语言学的研究对象及性质都有所不同，所以深入了解每种语言学对我们研究语言学这一大类具有重要作用。

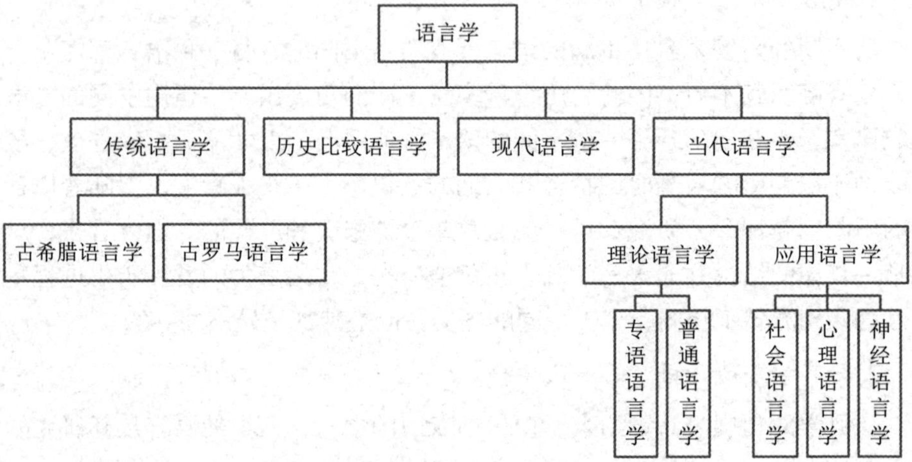

图 1-1 语言学分类

在每一类语言学中，都有很多理论流派，他们推动了语言学的发展。

二、传统语言学

（一）古希腊语言学

在 2000 多年前，对书面语言的研究就已在古希腊展开，当时对语言的研究还属于哲学的范畴，是其一个分支。大约在公元前 5 世纪，希腊人有两场关于语言的著名辩论。第一场辩论以语言形式和意义之间的关系为焦点，第二场争论也是在第一场争论的基础上再次进行的，两场辩论紧密相关。

1. 有关语言是否为自然发生的争论

这场辩论代表着两种不同的主义：自然主义和传统主义。“自然主义者”认为语言是自然发生的，事物的本质通过词语形式得到了反映；“传统主义者”

则认为语言是一种约定俗成的产物。这一次辩论促进了词源的研究，激发起人们对词与词之间各种关系划分的兴趣。

2. 有关语言语法结构是否规则的争论

“变则派”认为语言是不规则的，原因在于语言是自然发生的；而“类推派”认为世界万物都受到宇宙的支配而有规则地运行，包括语言。虽然语言不规则现象时有发生，但从总体上来说语言仍然是有规律的。在古希腊早期，词源学、语音学和语法学是学者们的主要研究对象，语法学得到了迅速发展，对传统语言学的发展带来了很大影响。

（二）古罗马语言学

古罗马语言学是从罗马帝国统治罗马开始的。从公元1世纪罗马帝国完全掌控罗马开始，在这一时期，语言研究得到了很多学者的关注，越来越多的相关研究逐渐展开，取得了一定的成就。

三、现代语言学

语言学界的语言研究在19世纪末已经达到巅峰，学者们认为，在语言研究方法中，历史比较法是一个比较科学的方法。语言学的现代发展时期以20世纪初为节点，语言学在这一时期出现了一个很大的转折点，而且瑞士著名的语言学家索绪尔在其中起到了重要作用。

索绪尔是现代语言学的重要奠基者，被称为“现代语言学之父”。索绪尔不仅在历史比较语言学领域做出了巨大的贡献，而且在印欧比较语言学领域建树颇高。他在日内瓦大学还开设了一门新的课程——“普通语言学”。

索绪尔主张区分言语和语言这两个概念。他认为口头语言或书面文章都属于言语的范畴；而语言是随社会发展而产生的一种产物，不仅如此，语言并不是某个人的专属物质，它存在于人们的意识中，而且也是一种抽象的语法规则系统和词汇系统，因此，说同一种语言的人能够说出同样的话。个体运用语法规则组织语言单位而产生了言语，故而，将言语抽象化即为语言，而将语言具体化即为言语。虽然言语是可以直接获取的材料，然而语言仍然应该作为语言学的研究对象。

除了上述的主张之外，索绪尔还主张对共识性和历时性的区别进行研究。在此之前，人们追溯语言的历史习惯于从纵向角度进行，并从历史的角度解释语言的现象。一些人认为历时研究和共时性研究比，前者更为科学。索绪尔则认为语言的共时性研究优于历时性研究，这主要是由于说话群众很少会考虑历史的变化。在发展共时语言学的方面，索绪尔对后续的现代语言学产生了深远影响。

四、当代语言学

（一）理论语言学

语言学科能够对专门的一种语言进行研究，对某一种语言的语法、语音、词汇和句法结构等进行分析，并对人类所有语言的这些特征进行比较研究，探讨其共同点，同时对这些语言在历史发展中存在的普遍规律进行探究。另外，各种语言的研究成果也需要进行整合和分析，发掘其一般规律，并做总结。理论语言学能够按研究对象的不同，划分为两大类：专语语言学和普通语言学。

1. 专语语言学

专语语言学的研究对象是特定语言，按照分析语言状态方式的不同，还能将其细分为两大类：共时语言学和历时语言学。前者是在语言静态时期做观察；后者是对语言动态做研究。

①共时语言学。其对语言的研究是从横向的角度来进行的，主要对语言的相对静态状态进行研究，对某一时期和阶段的语言采用同步、静态分析的方式来进行描述和分析。另外，共时语言学还可以被分为对比语言学和描写语言学。其中，描写语言学是以时代为节点的，对某一时代下的语言进行详细分析，研究其基本特征，属于一种断代似的研究语言方式。

②历时语言学。其对语言的研究是从纵向的角度来进行的，主要对语言的发展史进行研究，对语言在不同发展阶段其各个结构要素的历史演变进行细致观察，涉及语言的学科称为历史语言学。

2. 普通语言学

和专语语言学不同，人类的一般语言才是普通语言学的研究对象，其对人类语言的性质、结构特征和发展规律等做研究，将众多语言的研究成果综合起来，揭示这些规律。另外，这些内容也可作为重要的理论基础提供给语言学研究。

（二）应用语言学

通常情况下，能从广义和狭义两个方面对应用语言学进行大的划分。语言学和其他学科互相融合形成的新语言学科，即广义上的应用语言学，它研究语言的方法主要是对其他学科的研究方法和手段进行综合得来的，是为了建立一门新的学科。而狭义上的应用语言学指的是，在语言教学中，应用研究语言习得心理等语言理论，来对不同语言之间的差异进行比较等。

1. 社会语言学

将社会学和语言学交叉融合即为社会语言学，该门学科具有很强的综合性，在理论知识方面，其以心理学、人类学和民族学等为依托，充分吸收了其内在的理论基础知识。

2. 心理语言学

将心理学和语言学交叉融合即为心理语言学，该门学科对语言和个人关系非常注重，因为一个人的心理能够通过语言得到反映，一个人的心理认知可以通过观察其语言而获得一定的帮助。

3. 神经语言学

神经语言学是独立于心理语言学的一门新学科，近几十年逐渐发展，其对语言和大脑结构之间的关系特别关注，该门学科以大脑怎样产生语言这一问题为其研究的核心。

五、语言学与其他学科的关系

（一）语言学和认知科学

语言表达了一个人的心理，是人类心理的一种符号，因此，语言和人的心智有紧密的联系。

人脑或心智工作机制的研究是认知科学的工作内容，这是一门新兴学科，因此，在认知科学探索的众多内容中，语言其实是其中重要的一部分。语言学只有和认知科学相互融合，语言学才能得到深入的研究。所以，语言学和认知科学进行交叉形成了认知语言学，这一新学科认为必须从心智层面对语言进行解释。故而，认知语言学的存在是必然而且合理的。

（二）语言学和信息科学

一些人认为，语言的本质是人类的交际工具，所以，语言能够携带大量信息。而研究信息的获取、传递、加工及应用正是信息科学这门综合性科学的重要内容。所以，语言学家和信息科学家对语言和信息间的一系列关系进行了思考，如使用不同语言的人们如何进行互动交流、人类如何传递有效信息等。相应的，人们研究的问题逐渐转向机器翻译技术、人工智能技术、语言信息处理技术等方面。

我们不妨大胆想象，随着社会的发展、人类文明程度的提高、信息技术的进步，语言学与信息科学的结合也并非空中楼阁。

（三）语言学与教育学

在语言学界，语言的产生、发展和运行仍然是一个问题，不同的学者对此有着不同的论点，语言学习者之间受多种因素的影响，存在着很大差异，即人类的差异性，因此，语言教育工作者的语言教学面临着挑战。针对语言教学到底该如何开展这一问题，先天主义者和后天主义者的观点是一致的，学习第一语言和第二语言都是一个循序渐进的过程，即人类也具有普遍性。

对于语言教学工作者来说，要想让语言教学顺利进行，掌握语言运行的普遍规律是必要的，同时，了解人类发展阶段的规律性也是一项重要工作。只有掌握和了解了这些内容，语言的教学才能具有针对性，在语言教学方法上采用科学合理的方式，并明确达到其目的。由此，语言学习理论和教学理论相应的研究也出现了，如外语教学法、二语习得等领域。

（四）语言学与社会科学

人类社会生活中会发生很多各异的现象，出现一些人们无法简单解释的问题，社会科学就是针对这些现象和问题进行研究的一门科学。在人类生活中，交际需要运用语言这一工具来完成，因此，语言也是具有社会属性的。故而，社会科学能够帮助我们更好地研究语言。

社会科学涵盖了教育学、心理学、政治学、历史学、社会学、经济学等非常多的学科，是一门涵盖面非常广的学科，因此，社会学科和语言学的融合形成了心理语言学、社会语言学等学科。

社会学和语言学结合而成的社会语言学从语言的运行和应用规律这一不同的角度出发，进行相关研究，其研究的方法不仅要运用语言学的研究方法，而且要运用社会科学的研究方法。

第四节　语言的结构与建构

一、语言的结构

语言是音义结合的一种体系，该体系可以逐级划分。词汇和语法共同作用，构成了语言。语言的结构由多项要素组成，每项要素统一起来构成了语言这一整体，这些要素间存在着紧密联系、共同发展，并且具有规律性，但各要素间也相互制约。语言的结构如图 1-2 所示。

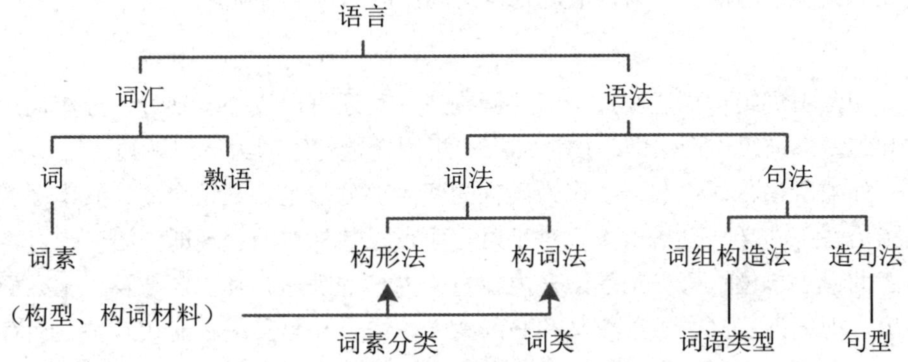

图 1-2　语言结构图

（一）词汇

词汇就好比语言这一建筑体系的一项材料，在语法的支配下变得可被理解，具有意义。词汇可以再次划分成词和熟语，而词是由词素组成的，词素则不能再被划分。在语言体系中，词素是最小单位，但是不能被单独使用，可以被单独使用的最小单位是词。如例 1-1 所示，展示了英语和汉语中词的构成，manly 和“奶牛”都是由两个词素构成的。

【例 1-1】

manly= 词根 man+ 后缀 -ly

奶牛 = 词素“奶”+ 词素“牛”

词的固定组合即为熟语，我们通常用到的成语、歇后语等都属于熟语，如例 1-2 所示，它是语言中独立运用的词汇单位。

【例 1-2】

cast pearls before swine　对牛弹琴

（二）语法

在语言体系中，语法是由语言中现成的语法规则构成的，词汇单位都由语法组织构成，因此，语法也可以叫作“语言的建筑法”。语言的组织规律即为语法。词素构成词或词性，词构成词组，词组构成句子，这些都需要通过特定语法规则的支配来进行。词素搭配成词的规则叫作构词规则；词构成词组的规则叫作造词组规则。

1. 词法

词法由构形法和构词法共同构成，其还可以进一步划分，分成词素分类和词类。其中，构形法即为构形规则；构词法即为构词规则。

2. 句法

句法由词组构词法和造句法共同构成，其还可以进一步划分，分成词组类型和句型。词组构词法即为构造词组的规则；造句法即为造句规则。

如前所述，词汇和语法作为语言的两大部分都是音义结合的，其中“音”是指语音，“义”是指语义。对于语言而言，其外在的表现即为语音，音素是语音的最小单位；语义则是语言内在意义内容的表达，其主要涉及三个方面的内容，即词汇意义、语法意义和修辞意义。语音和语义是不能相互独立而存在的，如果只有无语义内容的语音这种表现形式，那么声音也就不能称之为语言单位；若只有语义，没有语音这一语义表达的物质形式，那么语义就无法传达。

总而言之，语言是以语音为物质外壳、以语义为意义内容的音义结合的体系。语言体系具有稳定性和民族性，该体系随着人类历史的发展而发展，是人类生产生活中约定俗成并客观存在的。另外，其民族性决定了我们在语言的学习和研究中，还要注重语言体系及其结构要素间的关系。

二、语言的建构

语言的建构包含了两个方面的含义：第一，利用语言体系中的材料构成话语；第二，利用话语中的创新，在其约定俗成之后，充实语言结构体系。交际和思维活动是语言建构的基础，任何语言的结构都必须以此为依托而逐渐形成，这种建构并非是固定不变的，而是动态发展的。因此，无数新话语在建构的同时，语言体系也被这些话语中的创新成分不断丰富着。语言的建构有两大特性：阶段性和连续性。语言结构的相对稳定依靠阶段性，其能够满足交际的需要；而语言结构的不断发展需要依靠连续性，以满足交际中不断增长的需要。

总的来讲，语言的发展是语言结构和语言建构共同作用的结果，两者之间存在着紧密的联系。没有语言建构的语言结构是不能适应社会交际的，语言体系也会因此而匮乏，所以，语言建构的基本规律也是我们在研究语言学时应该考虑的，这样才有助于语言的发展。

第二章 当代语言学的理论流派

语言学成为一门独立的科学，是随着18世纪历史比较语言学兴起的，并逐渐发展为社会人文科学中的领先学科。经过结构主义语言学的发展，20世纪初语言学进入现代语言学时期，门类繁多。中国、古印度和古希腊是语言学的三个摇篮，西方语言学随着各种理论流派的出现而迅猛发展。本章分为传统语言学、历史比较语言学、现代语言学和当代语言学四个部分。

第一节 传统语言学

一、古希腊语言学

两千多年前的古希腊开始了哲学研究范围内的语言研究，那时候的语言研究分属于哲学范畴。

（一）第一场大论战

这次论战的焦点是研究语言的形式与语言的意义，它们之间既有联系又有区别，当时形成了“自然发生派”和“约定俗成派”之间的论战。

前者认为事物本身的性质能够决定事物的名称叫法，比如我们的象声词语言形式就能反映事物的特征、能够表达出语言所具有的意义，因此他们认为语言是自然而然发生的。

后者则认为语言的形式和语言的意义即事物的性质之间没有什么必然的联系。语言是人们在长期的劳动实践中相互约定俗成形成的，象声词语言形式是极少数的语言现象，象声词是否存在不会影响人们之间进行语言交流和沟通。

这一场关于语言形式与语言意义的研究论战持续了很久，促进了人们对语言中词源、词的各种关系和分类的研究，开创了对语法研究的先河。

我国学者早在春秋战国时期，就开始了对语言的研究，他们倾向于“约定俗成派”的语言研究观点。战国末期的荀况在他的《正名篇》中，就曾指出：“名无固宜，约之以命，约定俗成谓之宜，异于约则谓之不宜。名无固实，约之以命，约定俗成谓之实名。”这样看来，他也认为事物的名称本来是没有固定的、适宜的，只不过通过人们约定俗成以后，被人们所认可，就觉得这些名称是适宜的，不被人们认可或者和约定的名称不相同的就不是适宜的。

（二）第二场大论战

古希腊语有规则的语言成分，也有不规则的语言成分，因此继第一场论战之后，古希腊的学者们又开始对“语法结构是否规则”进行研究讨论，也形成了“变则派”与“类推派”两大语言研究理论派系，虽然双方的理论研究都很丰富，证据也很充足，但是两大派系之间一直存在着争论，谁也不能屈服于谁的理论，这次论战促进了语言中语法理论的产生。两大派系集中研究和争论的观点如下。

①语言的产生。“变则派”认为人类的语言是自然而然发生的；“类推派”认为世界上的一切事物包括日月的运行、四季的轮换、人类的语言都是有规律可循的，都受到一定法则的支配。

②语法结构。前者认为人类的语言是不规则的，并且列举了许多不规则的语言现象；后者则认为大多数的语言还是比较规则的，语言不规则的现象只是偶然的，他们列举了许多规则的语言现象。

③对于语法研究的贡献。前者辨别出了主要的语法范畴；后者确定了主要的屈折变化形式。

（三）传统语言学的研究重点

古希腊的学者对传统语言学的研究主要从词源学、语音学和语法学三个方面展开，尤其是语法学的研究促进了传统语言学的发展。

1. 柏拉图

作为哲学领域的先驱，柏拉图是西方语言学上第一个进行英语单词分类的学者。他在第一场大论战中始终保持中立态度，他认为有些语言形式可以反映事物的本质，有些语言形式与语言意义之间找不到必然的联系，他的研究贡献是把词源分为主词和述词两大类，相当于现代英语单词中的名词和动词。

2. 亚里士多德

他是坚定的“约定俗成派”的维护者，他认为语言是人们在实践中约定俗成的有规则的形式。作为柏拉图的学生，他继承了老师的词源分类法，同时又发现了一类词源，它们既不属于主词，也不属于述词，而是自成一类，相当于现代英语单词中的连词，他还注意到名词所有格的变化、动词时态的变化等这样一些结构上的特征，并第一次给词下了定义。

3. 斯多葛学派

这个理论流派是“变则派”，他们对词源进一步分类，英语单词又分出了专有名词、普通名词、冠词、动词和连词，名词还有主格、宾格、与格、所有格和呼格之分，还深入研究了名词的所有格、动词的时态等英语语法问题。

4. 特拉克斯

他主要是对词法等语言语法的研究，他在一本只有 15 页的《读书技巧》小册子中，对词分出了八大类，即名词、动词、分词、冠词、代词、介词、副词和连词，这对传统语言学和此后将近两千多年的英语研究都有很大的影响。

5. 狄斯考鲁

他是古希腊语言学研究中最早对语句语法进行全面描写和分析的学者，他的主要研究成果如下。

①研究名词和动词之间的关系。

②其他词类与名词、动词之间的关系。

③名词或代词的人称和数的变化和替换关系。

④奠定了区分英语句法的主语和宾语。

⑤区别主句和从句结构。

二、古罗马语言学

在古罗马帝国统治时期，语言研究在古希腊各个理论流派语言学研究的基础上变得异常活跃，也出现了多位语言研究学者和不同流派。

（一）瓦罗

瓦罗在详细研究古希腊第二次语言大论战的基础上，开始大量研究和分析拉丁语语法，把语言研究分成了三部分：词源学、形态学和句法学。他是第一个区分语法中的派生结构和屈折结构，并发现了拉丁语名词中的夺格，这是不同于希腊语名词所有格的一个独特的词源。

（二）昆提利安

他非常关注教育，尤其是在语言研究的语法方面提出了独到的见解。他认为语言的正确运用应合乎推理，还应该仿效权威的理论和研究。在词汇的研究发展和运用方面，语句中词汇的正确运用要遵循自然，语言的意义远比语言形式重要得多，要多向语言学的理论权威和教育权威学习，要在经典中查找语言理论证据，来判断语法的运用是否得当、是否得到权威的认可。他的这种理论思想对后来的传统语言学研究有很大的影响，使后来的语法规则制定、用法规定等方面有了原则可循。

（三）多纳图斯和普里斯基安

这两个罗马学者对于拉丁语语法的研究，对后来的学者和语言研究有较大的影响。尤其是普里斯基安的语法书，成为拉丁语语法的代表作。他运用希腊学者的语法理论体系和方法，全面分析和描写了拉丁语语法，将希腊语中的冠词改为拉丁语中的叹词，注重用希腊语法来分析拉丁语语法，建立了拉丁语语法，并大量传播了传统语法。在后来的几个世纪中，拉丁语语法一直沿用了他们的模式。

后来各种语言都有自己的语法理论和语法书，例如，12 世纪中叶的阿拉伯语语法、古爱尔兰语语法，17 世纪初的欧洲各种语言的语法，但是所有这些语法的基础都是传统的希腊语语法或拉丁语语法。

第二节 历史比较语言学

一、形成

（一）古印度语言

这个时期语言学的研究，离不开前 4 世纪古印度的语言研究。巴尼尼所著的《八章书》，是关于梵语语法的著作，书中深入研究了语言、语法问题，还简练地表述了自成系统的梵语语法。《八章书》是这一时期语言学研究的代表作。后来古印度语言、语法研究的十多种理论流派，都或多或少地受到了巴尼尼的影响。

古印度语言对语音问题和单词内部结构这两方面的研究，对西方传统语言学做出了重大的贡献，是别的理论学派望尘莫及的。直到 18 世纪末西方学者才开始大量接触到古印度学者的语言研究成果，但正是因为古印度学者对梵语语音所做的准确详尽的描写，才使得梵语同拉丁语、希腊语和其他日耳曼语言的比较成为可能。

（二）比较语言学形成

19 世纪是历史比较语言的研究时期，但从 12 世纪这种对语言的比较研究就已经开始了，形成过程如下。

① 12 世纪有冰岛语和英语的语言比较研究。

② 14 世纪初，但丁的讨论方言的著作《俗语论》也有对于语言起源问题的研究。书中指出，不同的语言是随着时间和人物的移居逐渐形成的。

③ 16 世纪的斯卡利格、17 世纪的莱布尼茨，都试图研究人类语言的起源以及不同的语言语系等问题。

④ 18 世纪的德国人帕拉斯收集各种比较语言学的材料。

⑤ 18 世纪末，西方学者开始接触并掌握古印度语——梵语，开始比较、研究梵语和欧洲语言的语音、语法结构、词汇等方面的差异，然后发现梵语和这些欧洲语言有惊人的相似之处。

⑥ 18 世纪的英国学者 W. 琼斯发表了研究论文，发现梵语、希腊语和拉丁语都源于同一种原始语言，从此揭开了语言学研究的新篇章。

二、发展

（一）19 世纪初期

1. 施勒格尔

19 世纪初期，施勒格尔发表了题为《论印度人的语言和智慧》的学术论文。他强调语言内部结构方面的研究，指出梵语和拉丁语、希腊语、日耳曼语等在词汇及语法关系方面有着亲缘关系，并首次使用了“比较语法”这一术语。

2. 拉斯克

19 世纪初期丹麦从事历史比较语言学研究的学者拉斯克，曾经在 1811 年和 1830 年分别出版了两部著作，分别讨论了古北欧语、古英语的语法。他的著作中第一次使用语音对应关系来比较不同语言中的词源形式，以至于后来德国的学者研究的“格里木定律”中的各种对应关系，实际上也是在他的研究基础上用具体的语言使用范例来加以证明和研究的。

3. 格里木和葆朴

德国从事历史比较语言学研究的学者格里木曾经出版了《德语语法》这一著作，主要讨论字母、德语与其他印欧语言之间的语音对应关系，也就是我们后来所说的“格里木定律”。

德国另一位从事历史比较语言学研究的学者葆朴也在其《比较语法》一书中，研究语言的原始语法结构，比较描写有关的语言并探索这些语言的规律及其曲折变化的起源。他还发现了比较语法的原理，他的发现可以同哥伦布发现新大陆相媲美。

（二）19 世纪中期

历史比较语言学发展到 19 世纪中期的时候，语言学研究学者们都开始用比较的方法来进行研究，其中最有影响力的是著名学者施莱歇尔。他在 1861 年出版了《印度日耳曼语言比较语法纲要》，对历史比较语言学的发展有很大的影响。

他的研究受到当时盛行的达尔文生物进化论的影响，认为语音的变化也是按照一定的规律发展变化的，根据语言的特点可以分为不同的语族，并用谱系树形图来表示语言的历史渊源和体系。

他还认为语言学家的任务就是研究语言发展史和语音的变化规律。在他的研究著作中，他用了约三分之一的篇幅来研究语音。他的这种观点对后来的青年语法学派的影响尤为明显。

（三）青年语法学派

到 19 世纪末期，在历史比较语言学中占统治地位的是青年语法学派，代表人物有雷斯琴、奥斯特霍夫、勃鲁格曼、维尔纳、德尔勃吕克等人。他们的观点及其对语言学的研究推动了语言学研究方法的发展。

①语言之间的语音对应规律没有例外。

②不同规律交叉运用造成了例外。

③重音的变化造成了“格里木定律”中的例外。

④“额尔纳定律”认为类推导致了语音和形态的变化。

⑤开始研究现代语言及其方言。

⑥其他因素造成语音对应规律的例外。

第三节　现代语言学

一、索绪尔的语言理论

结构主义（Structuralism）创始人索绪尔被称为现代语言学的开山鼻祖，他的研究重点为语言的本质及整个语言系统。索绪尔认为“语言是一种表达观念的符号系统”，他明确了语言符号和非语言符号既相互独立又可以相互转换，人们对自己的想法有多种表达形式，如口头语言、体态语言、符号道具等。

语言行为结构有两种不同的性质，虽然这两种性质是互相联系、互相依存的，但是它们也有本质上的差别，应该分别对待。

（一）社会性

语言行为首先具有社会性，有共同的线性特征，是静态的符号“语言”，具体是指全体社会成员在交际活动中使用语言的语音、语法和词汇系统。语言具有稳定性，会随着社会的发展变化而变化。语言状态中是以组合关系和聚合关系为基础的，构成句子的每一个语言符号是按照时间顺序互相并列、依存和制约的，从而形成了彼此之间的联系，按照水平方向的顺序完成，特定语句中的词语通过联想作用纵横交织、聚合在一起，按照语言的结构构成完整的语句。

（二）个别性

语言行为结构还具有个别性，因人而异，是动态的“言语”，是个人在实践活动中的语言应用。由于个体的言语风格和表达方式不同，言语具有多变性。语言中结构之间的制约作用实现了语言学研究中的从个人的具体言语转移到具有社会性的、抽象的整体语言，从规定性的历史比较语言学转为描写性的语言研究，从而深入到了语言的结构系统和本质。

索绪尔认为语言结构是一套完整的规则系统，完全符合人们进行实践活动的语言运用机制，具有整体性的语言结构是由许多个语音因素组成的，因素的变化导致了语言结构的变化，导致整个语言系统的变化。索绪尔的结构主义理论运用到不同的研究领域，形成了语言学结构主义、社会学结构主义、心理学结构主义等不同的学派，也影响了多门学科的理论形成。

二、布拉格学派

这个学派是欧洲结构主义的重要学派，特鲁别茨科依是这个学派的杰出代表。这一学派的贡献主要有：对于音位学的研究；对语音在音位中的功能研究；根据语音的区别性特征来确定音位之间的差别；音素与语法形式的关系；文体变异研究；非语言音素在交际中的影响等。这一学派的主要观点如下。

①语言系统可以分离出共时研究和历时语言研究。

②语言系统中的语言成分由于彼此功能上的对比或对立而独立存在，因此才能对语言结构做出系统性、正确性的评价。

③语言是由某一语言社团通过语言功能来完成其实践活动的工具。

这一学派的最主要特点是把结构主义和功能主义相结合，认为语言结构在很大程度上取决于语言功能。布拉格学派认为语言是为特定目的服务的表达手段的功能体系，而功能就是有目的地建立言语表述，对任何语言现象都要从有目的的观点加以评价。

这一学派认为音位具有语言行为结构中的社会性，即属于语音中的“语言”，在此基础上提出了音位的概念，是语音系统中若干个不同功能的抽象单位共同组成的。这些区别性的语音特征与整个对立系统、对立成分之间的关系以及区别，就是音位分类的标准。

①双边对立。两个音位不同时出现在其他音位中。

②多边对立。两个音位同时被其他音位共同拥有。

③均衡对立。同一项特征同时可以区分若干组音位。

④孤立对立。两个音位的对立关系是独特的，不能被语言中其他音位分享。

⑤否定对立。一个音位具有某种特征而另一个音位不具有这种特征。

⑥分级对立。两个音位具有不同程度的同一特征。

⑦等价对立。两个音位在逻辑上是等价的。

⑧中和对立。两个音位在有些位置上对立而在其他位置上失去对立。

⑨永恒对立。对立的音位可以出现在一切可能的位置上而不会取消对立。

三、哥本哈根学派

在索绪尔结构主义的影响下，形成了以丹麦学者叶姆斯列夫为代表的欧洲哥本哈根学派。他们认为语言形式是由特定的语言结构进行的语言描写，语言因素和语言意义没有结构可言，它们只是独立存在的两种事物，语言作为一门学科要研究语言成分之间的内部关系，为此他们还试图建立一门新型的语言学——语符学。

这一学派对一切符号都十分重视，如交通信号、电报代码、语言符号等。

他们认为任何语音都可以找到相对应的符号，并试图用形式语言符号代替自然语言。他们认为语言有形式与实体、内容与表达方面的区别，由此能组合出四个不同的语言层次：内容实体与形式、表达形式与实体。语言形式属于语言本身而语言实体则是语言的外部表现，语言的任务就是沟通和联系内容、表达实体。

哥本哈根学派认为语言关系主要有依赖、决定和并列三种。

①两个语音成分相互依赖、互为规定。

②两个语言成分只能由一种语言决定另一种语言。

③语言成分既不互相规定，也不互相排斥。

四、英国语言学派

（一）马林诺夫斯基的理论

他的最重要的理论是关于语言功能，他认为语言是一种行为模式，话语的意义来自表达者所要表达的上下文之间的关联。他的理论来源于原始社团中语言的用途和社会中儿童以语言的功能为基础学会语言和表达。语言环境对于话语的理解是很重要的，人们的话语意义和环境是分不开的，人们不能仅从语言的结构和因素来分辨和理解话语的意义。

马林诺夫斯基以话语对语言环境的重要性为基础，划分出三种人们能表达话语意义的语言环境。

①与身体活动有直接关系的环境。词语的意义通过语言功能体现出来，人们学习词语的意义也是要在语言环境中恰当地使用这个词。

②话语叙述的环境。这个环境包括话语当时当地的环境和话语叙述中所指出的环境两种。前者由语言叙述当时各个主体的认知、智力和情感等变化组成；后者则是通过语言叙述获得的环境。

③寒暄交谈时的环境。

在 1935 年马林诺夫斯基又通过发表著作进一步完善语义学理论，提出了两个关于语义在情境中的功能的新观点。

①规定语言学的研究素材，真正的语言是发生在实际的语言环境中的，而且是完整的话语表述。

②语音的意义存在于一定的环境之中。

（二）弗斯的理论

弗斯在批判地继承马林诺夫斯基的“语言环境”和“意义是情境中的功能”理论的基础上，又提出了自己的理论：语言是人类社会生活的一种方式和一种过程，不是约定俗成的语言符号。人们学习语言是参与社会实践活动的手段，他对语言采取了折中的研究态度，认为要对实际生活中人们使用的语言进行研究，语言学研究的目的就是把语言中有意义的成分分析出来，建立语言因素与非语言因素之间的对应关系。

弗斯的研究也是在语言环境中研究语言的各个组成部分及它们之间的关系。他认为语言研究是社会研究的一部分，语言学的研究能够帮助人们认识社会的本质。任何句子的语言意义都可以分成如下五个部分。

①每一个音素和它的语音环境的关系。

②每一个词项和句子中其他词项的关系。

③每一个词的形态关系。

④给予句子类型。

⑤句子与其所处上下文的关系。

弗斯从四个层面进行语言学的研究，讨论语言的意义。

①语音。语音的功能是由语音在语句中的位置以及这个语音位置上还可以出现的其他语音的对立所构成的。

②词汇和语义。分析词义和词汇的搭配关系。

③语法。从形态学层次研究词形的变化，从句法层研究语法的组合。

④语言环境。语言运用的环境和语言的意义。

弗斯还在 1948 年提出了“韵律分析法”，这是他对语言学研究的又一重大贡献。他认为人的话语是由音节组成的，构成话语聚合关系的是准音位。语篇构成了话语的基本单位，语篇的层次拆分可以分析语篇的韵律成分。

韵律分析和音位分析都考虑到基本相同的语音事实。在材料归类和揭示材料的相互关系上，韵律分析就显得优越得多。

五、美国描写语言学派

美国学派和哥本哈根学派一样是分配学派，他们有很多相似点。除了都采用分配标准外，相似点还有以下几个方面。

首先，他们认为语言是自足的体系，把语言同思维和人民的历史分割开来。

其次，他们都忽视词的重要性，因而取消词汇学的研究。

最后，两派都采用精密的分析方法。

但是，这两个学派的哲学基础不尽相同。哥本哈根学派比较多地受到逻辑实证主义的影响，走上了“语符学”的道路。美国学派则受到行为主义的影响，把语言看作一种语言行为。

布龙菲尔德曾经做过这样的说明：他假定杰克和吉尔走在一条小路上，吉尔感觉到饥饿，她对着苹果树说了几句话，杰克就爬上树，摘下苹果，递给吉尔。这个过程包含着一系列的刺激和反应。这就是，说话者的刺激，如饿了、看到苹果、注意到听话者等；通过言语引起听话者的反应，如摘苹果、递苹果等。也就是说，当一个人有刺激时，语言能使另一个人做出反应。

布龙菲尔德认为，人类语言就是由刺激和反应构成的言语行为。这种行为通过有系统地使用语音，以便引起听话者的反应。语言学就是研究这种特定的语音同刺激和反应的价值——特定语义的结合。但是，刺激和反应的情形十分复杂，很难做到为每个语音定出一个确切的语义。因而，语言学家只能观察言语，而刺激和反应所体现的语义，不是直接观察对象，不必专门去研究。于是，他只强调研究语言形式，而忽略了语义。他认为语言由无数行为组成，是每个人所经历的反复刺激而逐步形成的习惯的集合体。

布龙菲尔德的看法成为美国描写语言学派的主要标志。这个学派从20世纪30年代到50年代在美国统治语言学界20多年，它的研究成果对语言模式化、语法形式化，对外语教学都有很大影响。早在半个世纪以前，布洛克就写道：“布龙菲尔德的理论直接促成了美国结构主义语言学的研究。”随着电子计算机的出现，后布龙非尔德时期的语言学通过对所有数据进行恰当的操作发现语法，这里所谓的全部数据即为“言语”，所以操作必须从对音流的语音分析入手。

这一学派不考虑语言的历史发展，只进行形式描写，划分语言单位只是进行语素的笼统排列，他们在分析语句时，采用切分和成分分类的方法来分析音素、形态和句法。区别性音素在语流中像一根线连续出现，同理，词句也可分解为线性成分、直接成分，直到语素。例如，在描写英语人称代词体系时，他们认为 my 和 mine 等于 It’s。试比较：

I read a book. 我读书。

It’s my book. 我的书。

第四节 当代语言学

一、乔姆斯基的语言理论

乔姆斯基的生成语法理论把语言学定位为对人类认知结构的研究，从研究语言自身转变为研究人脑的生物学研究。人类语言除了区别动物交际的时空位移外，还有“离散性”和“递归性”。

乔姆斯基认为儿童天生有一种学习语言的能力，称为语言习得机制。儿童利用这个机制在合适的语言环境里学会使用某种语言。这种机制是人脑由遗传得来的，是人脑具有的理解和创造句子的机制。他认为后天经验对于语言的习得也十分重要。语言习得机制为儿童习得母语的快速性和准确性提供了解释。乔姆斯基认为，人脑初始状态包括普遍语法，它是人类语言的最基本的东西。

乔姆斯基认为语言理论的主要任务是向人们提供选择语法时要依据的标准，转换生成语法语言理论经历了四个阶段。

（一）古典理论

乔姆斯基的古典理论是要把语言学转换成一门真正的科学研究，主要有三个特征。

①强调语言的生成能力。

②引入转换规则。

③语法描写中不考虑语义。

在古典理论中，他提出了有限状态、短语结构、转换三种语法。他认为句子由简单的结构到由短语构成，再到由转换的语法用有限的规则构成合乎语法的句子，因此组成句子系统的语法规则就要满足以下几个条件。

①能自动地生成合乎语法的句子。

②能用简单的符号和公式来表示。

③表述严格精确、清楚明白。

④尽量概括一切语言事实。

⑤能重复使用，能生成无限的句子。

（二）标准理论

在语言学研究过程中，乔姆斯基发现：句子通过语法转换被随意地改变，这个转换规则的力量有些大；在用规则生成正确句子的同时也会有不合格的句子产生；语法转换规则不能被普遍应用，尤其是在被动语态中。为了改善语法的这三个问题，乔姆斯基在 1965 年提出了标准理论，他对古典理论做了较大的改动，认为生成语法由三个部分组成：句法、音系和语义，如图 2-1 所示。

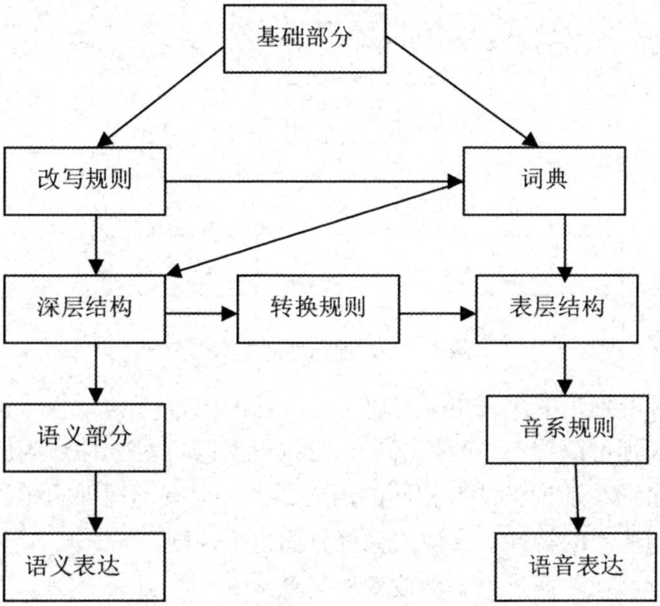

图 2-1　标准理论的生成语法结构

标准理论做出的语法规则改善主要有如下几点。

①只改变句子形式，不改变句子意义。

②选择性的限制，动词的前后出现了有生命的名词和无生命的名词。

③避免转换过程中出现不合语法的句子。

④可以概括简单和复杂的句子。

⑤规则和规则运用方面都有了一定的排序和次序。

（三）扩展的标准理论

乔姆斯基对标准理论进行了两次修正：扩展的标准理论和修正的扩展的标准理论。这两种统称为扩展的标准理论。通过这两次修正，完善了语言学研究中的语法规则，第一次把语义解释转移到了表层结构，语义解释之后出现了逻辑表达，语义被彻底排除在句法之外，如图 2-2 所示。

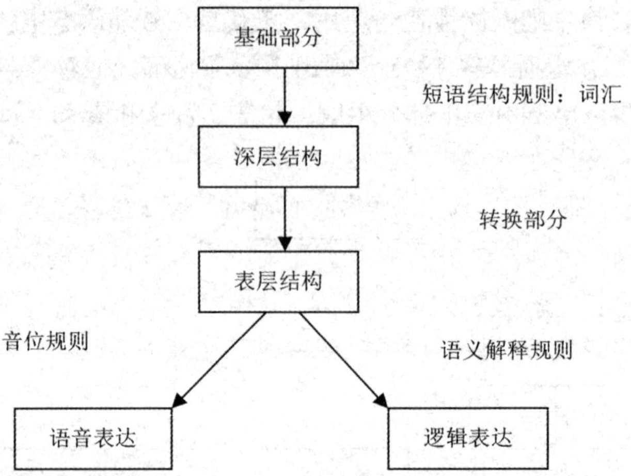

图 2-2 扩展标准理论框架

扩展的标准理论的改善主要有以下几方面的内容。

①转换规则可以移动、删除语句，可以根据语句表达的需要随机变化。

②派生名词和动词虽然有相同的语义属性，但有不规则的相关关系，派生词的规律在句法中的特性、音位关系等方面也不规则。

③语义解释在转换过程中会改变语句意义。

④标准理论无法解释割裂结构。

⑤转换规则要受到复杂的限制，才能避免不合语法的句子出现。

（四）后期理论

进入 20 世纪 80 年代，乔姆斯基的转换生成语法进入后期理论阶段——管辖和约束理论。这表明他进入语言研究的新阶段，通过“空范畴”进一步认识语言机制活动的全过程。1992 年乔姆斯基发表了最简方案，抛弃了原来理论框架中的深层和浅层结构，修正了好多语法方面的概念，后来乔姆斯基又发表著作进一步发展和完善最简理论。

二、系统功能语言学派

韩礼德是功能学派的代表，他认为语言的基本功能是用来交际和交流沟通，语言研究要在研究形式结构意义的基础上，重视系统性地研究词句、语言与社会文化背景、环境等的情景意义，要对语义从功能上系统分类。

他们认为不仅要学习语言基础知识，还要重视语言的实际运用功能，运用具有社会符号系统的语言认识社会，重点研究特定语言环境中的语篇，通过语言行为人们可以进行正常的交流沟通，能够进行文化的传播。

信息时代比过去任何一个时代的交际都频繁，语言在社会中的作用和地位、语言的多方面接触都达到了前所未有的程度。因此语言使用的领域很多，在不同领域使用的语言会有不同的语体。语域（register）是语言使用的场合的总称。语言变体可以按照使用的情况划分为语域。语域是指语篇针对特定的交际场合，为达到某一交际目的而产生的一种功能变体，不只是一种单纯的语篇方式变体。语域包括语场（field）、语旨（tenor）和语式（mode）。系统功能语法包括系统语法和功能语法两个组成部分。

（一）系统语法

系统语法功能重视语言的社会学功能和特征，重视个别语言和变体的分析和描写，依靠对语篇的分析和观察进行语言研究以及系统的语法研究。该学派认为语言是人们的社会行为模式，将整个语言作为一个完整的系统进行研究，建立一个网络系统。

系统中存在着由连锁系统和选择系统组成的系统语法轴线。通过语言组合的连锁轴，处理句法结构等语法的表层结构；通过聚合和对比关系处理和辨别系统语法的意义，通过语法的系统选择，促使人们进行语言的交际。系统语法里面的所有系统都是互相排斥且互相依赖的，能够确定系统中的选择数目。

在英语语言的系统语法里，我们对不同类型的过程、参与者和环境的及物性选择系统进行分类，如图 2-3 所示。

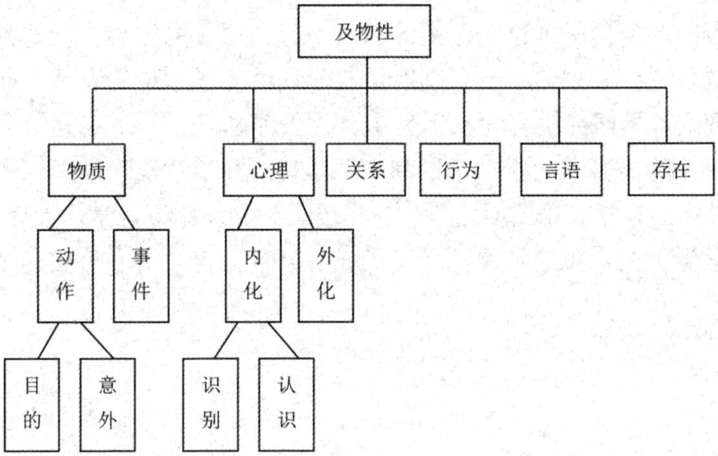

图 2-3　英语系统语法结构图

（二）功能语法

功能语法也包含在系统语法里，语言的功能是语言作为社会交际的运用，社会对语言的要求也促使语言机构的形成。韩礼德区分出儿童语言的工具、调节、交往、个体、启发、想象和信息的七种功能；成年人的语言应该在儿童语言的基础上根据高度的符号化和抽象化的更多功能，总结出成年人的语言概念、人际交往和语篇三种语言元功能。

语言的概念功能，是用人们现有的语言经验，用逻辑思维表达出新语言的信息。语言表达的及物性和语态是概念功能的两个主要部分，通过对语义的有效选择，体现出语言结构的本质。语法的人际功能充分体现出语言的社会功能性，说话者根据语言环境选择说话的某种语气、说话的某种情态表达自己的思想，人们通过彼此间的语言表达增进彼此间的认识和了解。语篇功能是根据语言使用的实际情况、实际的上下文语言结构、语言前后关联的要求等，将口头或书面的话语组织成系统完整的语篇。

三、多角度语言理论

随着当代语言学的发展，语言学与相关学科关系的研究越来越密切，产生了许多相关学科，如社会语言学、心理语言学等。社会语言学研究语言和社会在起源上的关系与作用，各个民族由于不同的历史、不同的文化价值观念形成了不同的语言，语言的发展与变化随着社会的发展与演变形成了各个民族特有的语言特点和规律，也形成了语言差异。语言社会交际中由于不同的交际环境，以及人们不同的身份、地位、年龄等因素引起的语言的差异，这些都是社会语言学研究的范围。心理语言学是随着语言学和心理学理论的发展与研究逐步形成的，心理语言学研究语言学习和运用时的心理过程。

当前，一些语言学的新兴学科和交叉学科，如篇章语言学、语用学、认知语言学、神经语言学、逻辑语言学、应用语言学、模糊语言学、计算机语言学、实验语言学等，正在飞速发展，从而形成了当今语言学的多角度、多元化的兴盛局面。

第三章 微观视角下的英语语言学

正因为语言的学习通常需要经历一个漫长而且艰辛的过程，要想走进语言的世界，则需要通过不断的积累和深入的学习体会才能完成。在英语的语言学习过程中学习者难免产生盲目性。因此，我们从英语语言学习的理论入手，从微观角度介绍英语语言学，使学习者了解这些知识，以帮助他们达到事半功倍的学习效果。本章分为语音语言学、词汇语言学、句法语言学、语义语言学四部分。

第一节 语音语言学

一、现代语音学

近代语音学建立以后，其研究主要集中在发音生理范围内，此后随着学科的发展，逐渐深入到了其他各个方面。语言的声音看似平常，实际上是一种非常复杂而且极为奥妙的现象。用语言进行交际的全过程应该经历“发音—传递—感知”三个阶段。第一阶段，说话人的大脑指令发音器官发出语音，这是一个从心理现象转换到生理现象的过程；第二阶段，语音以空气作为媒介传到听话人和说话人的耳朵里，这是一个从生理现象转换到物理现象的过程；第三阶段，语音通过听觉器官被听话人的大脑感知，这是一个从物理现象转换到心理现象的过程。可见，要全面深入地了解语音的特性必须从生理、物理和心理各个方面去进行研究。

从近代语音学发展到现代语音学，大体上说是从 20 世纪 30 年代后期开始的。当时，音位理论已趋于成熟，语音物理属性方面的研究也已经广为开展，并在四十年代取得了可喜的成果。

八十年代前后，语音研究又深入到了听觉和感知的领域。今昔相比，语音学的研究内容和方法已不可同日而语了。现代语音学关注的是发现语音是如何发出的，如何用符号记载，如何接收和辨认不同的语音。对应于语言交际过程中的三个不同阶段，通常把现代语音学分为三个独立而又互相有联系的分支学科。①发音语音学：发音语音学研究发音器官以及发音器官是如何发音的，即研究发音器官在发音过程中的活动。②声学语音学：声学语音学研究语音的声学特征，如声波；研究语音的物理属性，如语音的频率和振幅。③听觉语音学：感知语音学又称听觉语音学，研究人的耳朵是如何接收声音的，即研究人耳对语音的听觉感知。

二、发音语音学

发音语音学的研究以发音器官在发音过程中的生理特征为主要研究内容，所以也可称为生理语音学。传统语音学就属于发音语音学，它通过唇、舌在发音时的状态对元音加以分类和描写；通过发音过程中发音器官某个部位阻碍的性质和部位，对辅音加以分类和描写，并制定出各国通行的国际音标。这些方面的研究成果具有实用价值，已经成为学校语音教科书的基本内容，并且至今仍然是各分支学科进行语音研究的基础。但是，今天的发音语音学研究内容比以前更加深广，研究的手段更加现代化。作为现代语音学的一个组成部分，发音语音学主要研究言语活动的神经肌肉、生物机械和空气动力的过程，提取一切有关发音的物理参量，并阐明它们与语音特性的关系。例如，声带的发声作用及其与语音的关系。而传统的发音语音学对这方面的研究十分简单；发音语音学不仅要研究声带振动的生理—物理性质，而且要测量声带振动的各种参数及其与语音的关系。例如，在不同的元音条件下，声门下的气流压力变化与语音的音强有什么关系。又如，传统语音学说明发音活动时，只用舌位、唇形的变化描述元音，用发音部位和发音方法描述辅音，而现代的发音语音学则要求对发音器官活动时的声腔进行客观的测量，求出客观的参数，为人工合成语音提供科学数据。

三、声学语音学

声学语音学研究语音传递阶段的声学特性，相对于发音语音学来说，声学语音学是一种物理语音学。过去，语音的物理属性主要是声学家（言语声学）研究的内容；近几十年来，由于言语通信工程和人工智能研究等方面的需要，在许多方面已经和传统语音学逐渐结合起来。声学语音学借助于最新的电子仪器和其他器械，正在日益深入地揭示语音内部的奥秘。他们所获得的研究成果对传统语音学也有很大的意义，因为语音的声学实验使过去传统语音学中所谈到的许多语音现象得到了客观的科学的验证，同时还揭示了一些凭口说耳听无法发现的极为重要的语音现象。例如，声谱仪分析出决定元音音色的本质特征不是音波的曲折形式，而是它的共振峰频率。声学实验还证明，发音器官下腭和咽腔的动程跟元音音色是有关系的，而过去咽腔在发音方面的作用却被忽视。辅音中塞擦音究竟是单个的辅音还是复辅音，过去也一直有争论，声学分析仪器也给出了明确的答复。此外，由于有了各种测量仪器，语音的物理属性，如音长、音高、音强、音质等，不仅可以分别加以研究，而且还可以进行定量分析。这使我们对这四个要素之间的内在联系有了具体的了解。总之，声学语音学是由于仪器和实验技术的改进而发展起来的，是近几十年来语音学中取得成果最大的学科。目前声学语音学对语音的研究已经进展到相当深入的阶段，研究的热点主要在语言的合成和识别两个方面：一方面要使机器发出高度仿真的语言；另一方面要使机器能识别任何人的语音。

四、感知语音学

感知语音学研究语音感知阶段的生理和心理特征，也就是耳朵是怎样听到声音的，大脑又是怎样理解这些声音的。也有人把这方面的研究称为听觉语音学或心理语音学。这是现代语音学里最新的一个分支学科，它的产生和心理语言学以及人工智能的研究密切相关。一方面，心理语言学研究语言习得和语言使用的心理过程，必须从语音入手；另一方面，在人工智能的研究中为了让计算机听懂自然语言，也必须弄清楚人类是如何通过语音理解意思的。感知语音学是最近十几年才发展起来的边缘学科，但已经展示了广阔、深远的前景。从言语的听辨出发，心理语言学家提出了许多不同于传统观点的新鲜见解。例如，话语的声音通常被看成线性的时变系统。根据这种观点，大脑神经似乎是按照语音序列的先后，依次逐级听辨和感知语言的，也就是从音素到音节，然后是词素、词、短语，最后理解整句话。但是，心理语言学家认为，从声学上来说，组成一句话的每个音素未必犹如串在一根线上的一颗颗珍珠。事实上，音素只是为了语音研究的方便人为地分析出来的，在快速语流中，人们很难分辨出单个的音素或音素间的界限。

总之，心理语言学家对言语感知的探索才刚刚起步，许多理论尚处在假说的阶段，各家看法也存在分歧。但是，各种不同的见解都是富有启发性的。心理语音学的研究与传统语音学也并非毫无关联。例如，用肌电仪器可以发现，在语音未发之前，发音器官有关部分的肌肉已经受到中枢神经的“指令”开始做发音准备了。另外，在一连串的语音中，前一个音素虽然已经消失，但在感知系统中却仍然在起作用，对后面的音素有一定的影响。这就为语流音变中的同化作用提供了生理、心理方面的科学依据。

第二节　词汇语言学

一、词汇学概述

（一）词汇学的定义

词汇学是一门有关词的科学。词汇的积累在英语学习过程中占据着重要地位，因此一直是很多专家学者的重点研究对象。研究词汇学的专家杰克逊和艾姆维拉在他们合著的《词、意义和词汇》一书中说：“作为语言学的一个分支，词汇学对词汇进行调查研究、描述并予以理论化。”由此看来，词汇学是有关“词汇的学问”，即有关词汇的系统知识。

说得再深入一点，“词汇学”是研究词汇背后的规律性和系统性，以及词汇的结构关系和类别的学科。它运用语言学的相关理论，探讨词的意义及语义关系，阐述词汇的发展变化过程，能够了解现代词汇的系统知识、词汇的现状及其历史演变过程，能够对现代词汇发展中出现的各种现象做出分析和解释，从而提高对词语的理解、阐释和综合运用的能力。学好英语词汇学，不仅可以了解现代词汇的普遍规律、分析研究现代英语词汇现象和英语词汇的演变和发展，还有助于掌握英语词汇学习的方法、途径、手段和策略。

词汇的研究范围现在已经变得十分广泛，有的领域已经形成相对独立的学科，例如，相互结合形成交叉学科，包括形态学、语义学、词汇语义学、认知语义学、词源学、词典学、认知词典学等。这些相互独立的学科和交叉学科正在把词汇学的研究推向一个新的发展高度，对词汇还可以进行历时和共时的比较研究。

就历时比较而言，各历史时期词汇的比较是其重要的组成部分；就共时比较而言，词汇的国别变体的比较正越来越引起人们的注意。这些比较研究对提高外语研究水平和教学水平都起着很重要的作用。语料库语言学的发展是现代词汇学研究的有力支撑，语料选择、数据统计、定量分析等学科方法为研究词汇提供了新的观察视角和操作手段。

语料库已经逐渐成为词汇研究和教学的一种新途径，它既可以提供快速的检索工具，又可以有效提高我们语言样本的质量。语料库语言学的学习，既可以强化外语学习者的词汇系统知识，使他们全面了解外语词汇的过去和现状，也有助于他们提高理解和分析语言问题的理论水平，使他们在拥有更多真实语言输入的基础上加强综合运用外语的实际能力。

（二）词汇学的分类

1. 根据研究对象划分

根据研究对象的不同，词汇学可分为普通词汇学和个别词汇学，也可以叫作一般词汇学和具体词汇学，两者之间是相互依存、彼此促进的关系。之所以这样说，是因为普通词汇学的形成和发展是建立在个别词汇学的基础上的；而普通词汇学建立之后，又不断指导个别词汇学，使之得到充实和发展。普通词汇学的主要研究内容是世界上所有语言词汇之间的共同规律，因此，它是关于词和词汇的一门研究学科，是普通语言学的重要组成部分。个别词汇学相对于普通词汇学来说，它的研究范围相对集中，主要是对某一种具体语言的词和词汇的研究，如专门研究汉语词汇、英语词汇或俄语词汇等。

2. 根据研究范围划分

根据词汇研究范围大小的不同，可以将词汇学分为广义词汇学和狭义词汇学。广义词汇学，包括语义学的内容，还包括词源学和词典学等。狭义词汇学主要研究词和词汇的构成、分类和发展规律等。

3. 根据研究方法划分

根据研究方法的不同，词汇学可分为共时词汇学和历时词汇学，也叫作静态词汇学和历史词汇学。所谓共时词汇学，指的是对某个时期的词汇体系进行静态和描写式研究的一种形式，它强调的是某一个发展阶段。而历时词汇学则与之不同，它的研究是动态的，研究内容主要是词汇的起源和发展的历史过程。共时词汇学和历时词汇学代表的是截然不同的两种研究形式，但是它们之间却相互影响、紧密联系。词汇的静态描写，有助于历时词汇学的研究，而精通词汇的历史发展，有利于对词汇现状的深刻理解。

（三）词汇学研究的意义

从影响程度的大小来看，词汇学研究的意义可以从以下三个角度来论述。

1. 对语言学科的影响

本体研究方面，词汇研究有助于准确掌握词语的含义、结构和用法，有益于语法、修辞等相关语言学科的发展。语法包括词法和句法，词法分析与词义研究密不可分，现代语法也非常注重句法结构形式分析和语义研究的结合。修辞的一个重要目的是使语言表达更准确、生动，以达到预期的表达效果。修辞的运用在很多方面与词汇有关，例如，修辞里“对偶”辞格，要求结构相同或基本相同、字数相等、意义上密切联系的两个词组或句子对称排列，这与词语的词性、词义内容有关。又如“谐音双关”，实际就是同音词的运用。

在语言的应用研究领域，如语言规范、语言教学、语言翻译，词汇都是其中重要的部分。尤其在第二语言教学中，相信很多人都对其深有体会。就拿中国学生学英语来说，我们都知道，掌握一定量的词汇是学好英语的第一步。其实，无论学习哪种语言，大量词汇的掌握是最基础的。对于外语初学者来说，日常交际中掌握一定的词汇量要比掌握正确语法更重要。

2. 对文学创作与鉴赏的影响

文学研究其实就是对现实生活的一种反映，语言是重要的媒介，也是文学艺术创作必不可少的条件。因此，作家只有熟练地驾驭语言，才能够将其想要表达的思想和题材完美地展现出来，才能让读者产生共鸣，从而更加欣赏和喜欢文学作品。而在语言表达中，词汇是最基本也是最不可缺少的材料，从作品中使用的词汇我们就能够看出该作家的语言风格及其想要表达的内容。

3. 对社会文化历史研究的影响

语言是一种符号系统，它是文化的一个重要组成部分，在文化发展中发挥着不可忽视的作用。文化是社会发展变化的积累，而语言又可以直接反映社会的变化，尤其是语言中的词汇能最优先地反映社会的变化历史轨迹，是人们研究历史的重要依据。另外，对词义的研究，也可以反映出人们观念的差异和转变。

二、词的结构

每一种语言都拥有丰富的词汇，而且，这些词汇不是孤零零存在的，而是彼此之间有着各种各样的联系的。从某种意义上说，语言中的词汇就像世界上的人，每个人虽然都是一个独立的个体，但是身处社会之中，就不免会与社会群体中的其他人群存在着各种联系。比如，每个人都有亲属、朋友、同事、同学等，每个人生活的圈子也不一样，在不同的圈子中，扮演着不同的角色，承担着不同的责任。词汇也一样，一个词可能属于名词，在某个句子中充当主语；从结构上来分析，这个词可能由另外一个词添加一个后缀构成。下面我们列举一组词汇，如例 3-1 所示，分析它们之间的联系。

【例 3-1】

move	unmoved	remove
movable	unmoving	removed
moveless	unmovingly	removable
mover	movement	moving

通过分析，我们很容易发现，上面列举的这些词，在发音、结构和意义上都有关联。在发音上，它们都包含 /mu：v/ 这个音节；在结构上，它们都包含 move 这个词根（比如，movable=move+able，remove=re+move，unmovingly=un+move+ing+ly）；在意义上，它们都与 move 有联系（比如，movable 的意思是 able to be moved from one place or position to another；remove 的意思是 take something away from the place where it was，等等）。有意思的是，对 move 这个词本身，我们无法再切分出更小的有意义的单位，mo 没有意义，mov、ve 或者 ove 也都没有意义。

下面我们再列举一组词汇，共同来分析一下它们之间的关系。

【例 3-2】词缀 -er

write—writer

sing—singer

dance—dancer

work—worker

compose—composer

teach—teacher

通过前后两组词汇的对比，我们很容易就能看出，后面一组词是在前面这组词的基础上添加词缀 -er 而形成的（本身以 e 结尾的单词则只加 r）。-er 表达的意思是“做某事的人”。但是，前面这组词汇都是具体的、有意义的词，一旦进行分割就不具备任何意义了，因此，它们无法再切分。

通过上述分析以及得出的结论，我们可以引入语言学中的两个重要术语，分别是词素和词法学。词素是语言中最小的有意义的单位，词法学是研究词的内部结构和构词法的学问。在前面所分析过的例词中，move、write、sing、dance 等都是英语中的词素，re-、-er、un-、-ly 等前缀和后缀也是词素。词素的特点是它虽然不能单独出现在句子中来承载意义，但词素本身是携带意义的，是音和义的统一体，而且不能再被细分。这样一来，writer 这个词就是由两个词素构成的，即 write+er，而 unmovingly 这个词则由四个词素构成，即 un+move+ing+ly。

接下来，我们就要重点讲述“词素”这一概念。其实，在日常交际过程中，普通语言使用者在潜意识里都能感受到词素的存在，有时甚至会运用潜藏的关于词素和构词法的知识来随意构成新词，以制造特殊的交际效果。这就说明，词素其实并不是语言学家为了方便语言的研究和描述而杜撰出来的一个概念，它真实地存在于语言的学习中。词素根据它的使用特性又可以分为两种，分别是自由词素和黏附词素，接下来我们分别对其进行分析探讨。

（一）自由词素

所谓自由词素，指的是能够单独构成单词的词素，如 girl、boy、cock、dog，等等。这些词被称为单语素词语。所以，所有的单语素词语都是自由词素。

（二）黏附词素

所谓黏附词素，指的是不能单独构成单词，必须黏附于自由词素才能起作用的词汇。黏附词素根据不同的标准可以划分为不同的种类。

1. 根据位置划分

根据位置划分，黏附词素可以分为前缀和后缀。所谓前缀，就是位于其他词素前面的词，如 anti-、re-、un-、pre-、dis-，等等。所谓后缀，与前缀相反，就是位于其他词素后面的词，如 -tion、-ism、-er、-ish、-able、-ness、ly，等等。

英语中主要就是前缀和后缀两种，但是在其他语言中，还有第三种黏附词素存在，也就是中缀。所谓中缀，就是嵌入其他词素中间的词素。

2. 根据功能划分

根据功能划分，黏附词素可以分为屈折词素和派生词素。

①屈折词素。屈折词素的添加并不产生新词，只是表达词根的某种特别的语法功能。比如，英语的屈折词素 -s 添加在名词后就构成该名词的复数形式，而添加在动词后就构成该动词第三人称单数情况下的一般现在时形式；另一个屈折词素 -ed 添加在动词后就构成该动词的一般过去时形式；而 -er 和 -est 添加在单音节和部分双音节形容词后就构成该形容词的比较级和最高级等。

英语中的屈折词素一共有八个，分别是添加在名词后的 -'s（possessive）和 -s（plural），添加在动词后的 -s（third person present singular），-ing（present participle），-ed（past tense）和 -en（past participle），以及添加在形容词后的 -est（superlative）和 -er（comparative）。我们发现，英语的这八个屈折词素都是后缀。

②派生词素。将派生词素添加于其他的词素或单词之中，可以构成新的词。这个派生出来的新词与原来的旧词有可能分属不同的词性，如将后缀 -ity 添加于形容词后，得到的是名词（如 curious → curiosity，scarce → scarcity）；而将后缀 -ize 添加于形容词后，得到的是动词（如 social → socialize，real → realize）。下面是我们列举的一些这类词汇。

【例 3-3】

NOUN TO ADJECTIVE	VERB TO NOUN
girl+ish	move+ment
virtu+ous	communicate+ion
China+ese	capitalize+ation
picture+esque	confer+ence
passmn+ate	dance+er
care+ful	conform+ist
alcohol+ic	project+tion
lady+like	free+dom

【例 3-4】

ADJIECTIVE TO ADVERB	NOUN TO VERB
quick+ly	moral+ize
silent+ly	vaccine+ate
blind+ly	brand+ish

不过，有些派生词素不会导致派生词词性的改变。很多前缀都属于这一类，如例 3-5 所示。

【例 3-5】

NOUN TO NOUN	VERB TO VERB
auto+biography	re+write
ex+husband	un+loosen
dis+satisfaction	
ADJECTIVE TO ADJECTIVE	
un+happy	

ir+regular

ab+normal

也有一些后缀属于此类，在派生出新词时保留了词根的词性。如例3-6所示。

【例 3-6】

NOUN TO NOUN	ADJECTIVE TO ADJECTIVE
music → musician	high → highest
Australia → Australian	old → oldish
friend → friendship	elder → elderly
physics → physicist	

英语中有些派生词素非常活跃，可以附着于大量单词的前 / 后构成新词。这种类型的派生词素包含多种类型，这里笔者简述其中的五种。

【例 3-7】VERB+able= “able to be VERB-ed”

acceptable　　changeable

blamable　　breathable

passable　　adaptable

【例 3-8】un+ADJECTIVE= “not-ADJECTIVE”

unhappy　　unfree

unafraid　　un-American

unfit　　un-British

【例 3-9】VE RB+er= “one who performs an action of VERB-ing”

lover　　examiner

hunter　　teacher

employer　　analyzer

【例 3-10】AD JECTIVE+ly= “in an ADJECTIVE way”

luckily　　seriously

sadly　　shortly

fortunately　　slowly

badly

【例 3-11】AD JECTIVE+ness= “ the quality of being ADJECTIVE”

coldness　　sadness

hotness　　sharpness

happiness　　foolishness

其实，英语中活跃的派生词素远不止上面列举的五个，限于篇幅，这里不再一一详述。针对上述屈折词素和派生词素，有两点需要强调。

①在讨论派生词素时，笔者已经指出，有些派生词素会改变词根的词性，而有些派生词素则保留词根的词性，但是屈折词素则全部保留词根的词性。比如，quick 和 quicker 都是形容词，quicker 里面的 -er 只不过起了标示比较级的作用；但是 sing 和 singer 就不一样了，前者是动词，后者是名词，因此 singer 里面的 -er 和 quicker 里面的 -er 有本质的不同，一个是派生词素，一个是屈折词素。

②在英语中，如果要给一个词根同时添加派生词素和屈折词素，那么派生词素总是出现在屈折词素之前。比如在 singers 这个词中，派生词素 -er 出现在屈折词素 -s 之前，而不是相反。下面我们通过图 3-1 所示来总结英语的词素。

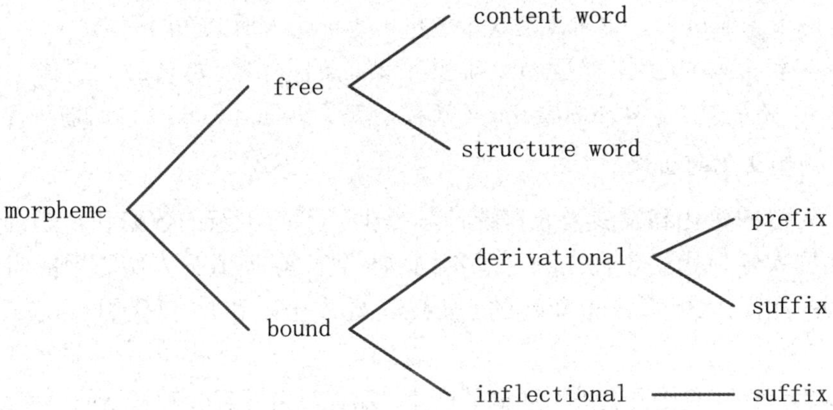

图 3-1　英语的词素

三、英语新词的产生

（一）新词的定义

“新词”指的是某一段时期内或自某一时间点以来首次出现的词，往往是出于对新事物进行描写的需要而出现的词，也指词典上还没有收录的词语，如很多词典后面增补的词语就是新词。

英语的发展总是和社会历史的进程融合在一起的，英语词汇的扩展是对新的历史条件和社会发展要求的反映。我们也看到，任何一个英语变体的形成，都伴随着大量英语新词的出现，新词构成了英语词汇发展中一道生动而亮丽的风景线。

（二）英语新词产生的原因

1. 文教体育的发展

文教体育的发展带来各种新词汇，主要表现为以下几个方面。

①在教育和语言研究方面，因教学方法和教学用具的改革而出现了一系列新词。

②和教育有关的现象带来了一系列新词。

③电台和电视娱乐亦是较大的新词供应者。它们都很注重 audience rating（视听率）和开发 hot line（热线），注意节目类型的多元化，比如 call-in（听众通过电话与主持人通话的节目）、talk show（脱口秀）、sitcom（情景喜剧）、soap opera（肥皂剧）、prime time（黄金时间）、instant replay（即时重播）、VTR（磁带录像机）、VCR（盒式录像机）等都是人所共知的用语。

④多姿多彩的新体育运动也丰富了英语的词汇。如 yoga（瑜伽）、tae kwon do（跆拳道）、skateboarding（滑板运动）、sand yacht（沙滩艇）等。

2. 新型文化的出现

①人口的变化和发展为人口统计学提供了不断更新的数据和新名词。例如，美国人给一代代年轻人贴上了不同的标签，渐渐成为人们心中的时代代表名词。比如，20 世纪 60 年代的 hippies（嬉皮士）和 80 年代的 yuppies（雅皮士）。

②社会流行文化语促进了新词的产生。随着社会的进步和网络的迅速发展，不知不觉我们的生活中就多了很多的流行性新词，并且广泛地被人们应用。例如，近些年来流行用一些缩略词来表达一种特定的含义，如 PK、CEO、WC 等。对于“WC”大家已经很熟悉了，其实，在地道的英语中，对卫生间的正确表述应该是“toilet”或“the restroom”。但是现在很多人都会将卫生间简化为“WC”，大家也都明白其含义，随之也流行了起来，很多不会说英语的人也应该知道它的意思了。

③随着音乐制作方法的不断更新和改进，音乐领域也出现了很多新词语。随着时代的演进，electrophonic music（电子音乐）成为音乐家们制作音乐的一种重要方式，其中非常具有代表性的 metal music（金属音乐）就可以分为很多种类，有节奏和速度较慢的 doom（毁灭金属），也有以夸张的舞台表演方式或浓妆艳抹的外在形象吸引乐迷的 glam metal（华丽金属）。其他还有 industrial metal（工业金属）、neo-classical（新古典金属）、pop metal（流行金属）、progressive metal（前卫金属）、speed metal（速度金属）等。

3. 科学技术的进步

现代科学和技术的进步是英语新词发展的最主要原因。为了描写新的发明和发现，各行各业的新词不断产生，比如已经发现的 black hole（黑洞）、neutrino（中微子）、nanometer（纳米）、quark（夸克）、quasar（类星体），已经发明的 radar（雷达）、laser（激光）、hovercraft（气垫船）、bullet train（高速火车）、container ship（集装箱船）等。这种新词的产生总是伴随着所在领域的发展，其中很多已经走出那个专业领域而为大众所接受和使用。

21 世纪，电子技术和信息技术的迅速发展，为很多新领域的开拓提供了技术支持，人们结合计算机信息产业发展了生物信息学、心理学、军事、物理学等领域，开始了新的探索和追求。在这一系列过程中，已经诞生了很多的新词语，这里就不一一列举了。

4. 电脑网络的革新

①电脑技术的迅猛发展带来很多的新词语。电脑从 desktop（台式电脑）发展到 laptop（便携式电脑），又发展到 palmtop（掌上电脑）。电脑技术的迅猛发展带来的新词比比皆是，如 computer system（计算机系统）、hardware（硬件）、software（软件）、mouse（鼠标）、monitor（监视器）、keyboard（键盘）、CPU（Central Processing Unit，中央处理器）等。此外，hardware 和 software 还衍生出诸如 courseware（课件）、groupware（群组软件）、freeware（免费软件）、shareware（共享软件）等相关新词。

② Internet（互联网）的蓬勃发展促使很多新词语相继出现。互联网的蓬勃发展早已让 www（world wide web，万维网）、web page（网页）、web site（或 website，网站）、web browser（万维网浏览器）、web phone（网络电话）、web server（万维网服务器）等广为流行。越来越多的家庭有了 broadband aces（宽带接入）、broadband networks（宽带网）或 Intranet（内联网），网上聊天的工具也越来越多。网络给人们的生活带来了很大的便利，但是同时，网络也存在一定的威胁，例如病毒、黑客等都在影响人们的上网环境。

③ blog（网络日志）的迅速发展对新词汇的出现也产生了很大的影响。网民不仅仅被动地享用他人提供的信息，也可以把自己的信息供他人分享。blog 的迅速发展使得人们传递的信息带来越来越重大的影响。博客又分不同的类型，比如 war blog（战争博客）、diary blog（日记博客）、news blog（新闻博客）、pundit blog（专家博客）、tech blog（技术博客）、group blog（群体博客）、video blog（视频博客）等。

④ podcast（播客）的发展为英语增添了很多新词。在这个网络迅速发展的时代，一种新事物的兴起和传播是非常快速的。例如，blog 刚刚兴起，就有很多网民已经拥有了 podcast podium（播客宝典），开始用起了 podcast（播客）。随着这种文化的广泛传播，应用人数越来越多，“podcast”一词甚至在当时被选入《新牛津美国词典》。这种现象在如今是有过之而无不及，很多新鲜词语越来越频繁地出现在大众视野中，很多词语也都逐渐被归为可正式使用的行列。

第三节　句法语言学

一、句法学概述

（一）句法学的概念

句法学研究的是单词组成句子的方法，以及支配句子结构的原则。不同语言的句子顺序都不尽相同，如英语是“主语 + 动词谓语 + 宾语”，日语是“主语 + 宾语 + 动词谓语”等。显而易见，研究句子结构能够让我们更好地理解句子含义。

传统句法强调数、性、格。一般情况下，数分为两种，即单数与复数。性分为阴性与阳性，有些语言还有中性。格是针对名词和代词的，有主格、宾格、所有格。动词则有时态和体，句子的不同成分中存在以下两种关系。

①一致关系。这种关系是指句子中两个或两个以上的成分要在某些范畴上相互保持一致。例如，限定词与名词要在数上保持一致，如 these apples。

②支配关系。这种关系是指句子中某一成分控制了另一成分。例如，英语中的动词支配了它后面代词的形式，如“She found him.”。

任何语言都有很多词类，能在句子中起相同作用的词构成了相同的句法范畴。如英语中句法范畴大致有以下五种。

①动词短语。如 wants to leave、is wearing a blue jacket、is kind。

②名词短语。如 most 、Chinese、 a big house、Kate and her friend、the students that I have taught。

③形容词短语。如 as busy as a bee、very thin、most respectable。

④副词短语。如 happily married、as soon as possible、more quickly、more carelessly。

⑤介词短语。如 in the air、with his parents、from the countryside、near the school 等。

（二）生成句法

我们都知道，语言学有许多流派，这些流派都有自己的一套句法理论，如结构主义有结构主义语法、功能主义有系统功能语法等。而生成语法的句法理论对现代的影响较大，下面我们主要围绕该理论进行探讨。

生成语法是美国语言学家乔姆斯基于 1957 年创立的语言学理论。在他提出的片语结构语法中，句子的组成成分结构是有层次的。如果我们借助下面的符号：Noun Phrase—NP，Verb Phrase—VP，Prepositional Phrase—PP，Adjective Phrase—AP，Adverbial Phrase—ADP，Sentence—S，那么可以将“A boy kicked the ball.”通过以下树形图来表示，如图 3-2 所示。

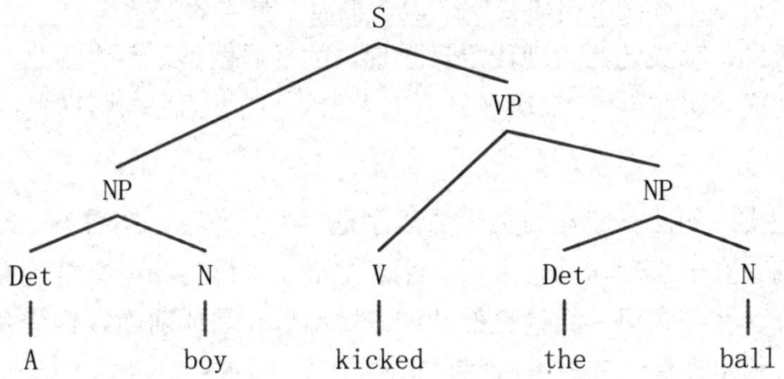

图 3-2　句子组成成分树形图

树形图中有节点，可以从节点引出线条，来表明词按线性顺序的排列，各个词组的组成成分及每个组成成分的句法范畴。

1965 年，生成语法进入标准理论时期，乔氏提出：句法的基础部分包括了改写规则和词汇库，改写规则生成深层结构，再通过转换规则将深层结构变成表层结构。深层结构是句子结构中的不同成分的内在层面，它决定了语义。表层结构是指句法派生过程的最后阶段显示出的句子形式，如“What has Mary borrowed？”通过改写规则，可以得到该句的深层结构“Mary has borrowed what？”。

后来乔氏对学说进行了修正，采用了语迹理论。意思是在句子中，一个成分从某个位置移动到另外一个位置后会留下痕迹，这个痕迹就叫作语迹。例如：“The letter was written by Tom.”其深层结构应是“Tom wrote the letter.”。如果在被动句中加上语迹："The letter was written by Tom."，那么深层结构的信息，即 letter 本是 write 的宾语，也能在表层结构上一目了然。所以在语迹理论中，语义解释的必要信息也可以来自表层结构。

1980 年，乔氏的理论进入原则和参数方法时期。他提出了管辖与约束理论，并开始使用 D-structure 和 S-structure 的概念。D-structure 是句子中的一个抽象层次，在这一层次里句子被授予施事者和受事者的语义角色。S-structure 则是另一个层次，在这个层次中，句子被授予句法中的格形式。从 1993 年到现在，乔氏的理论进入最简方案时期，他这时的目标是消除生成语法中的冗余部分，达到模式最简化的水平。

乔姆斯基的句法理论过于抽象，对语言中很多问题仍无法做出明确解释，但是乔氏通过不断修正自己的理论，对句法研究做出了贡献。他的理论的某些方面已被运用到第一语言和第二语言习得的研究之中。句法是语法研究的核心，所以研究句法对于现代英语语言学来说，具有十分重要的意义。

毋庸置疑，生成句法为现代语言学理论的发展做出了巨大贡献。以下我们主要介绍生成句法在英语、汉语及日语上做出的贡献（语序与特殊疑问句方面）。

1. 英语

一般地讲，句法学家认为英语的语序是"主谓宾"（SVO），即主语出现在动词之前，宾语出现在动词之后。除了主语、宾语与动词有着这么一个固定的关系以外，在英语里，介词也像动词一样出现在名词前面以构成介词短语，介词短语必须出现在动词短语后面。

构成英语的特殊疑问句有以下两个步骤：第一，将特殊疑问词移到句首；第二，将助动词移到主语之前。这两个步骤体现在以下两个转换规则上：第一，用疑问词替换所要询问的表示人物、事件或物体的词，然后将其移到句首；第二，将助动词移到主语前面。

如果疑问词不前置，构成的疑问句则听起来不妥；如果助动词不移到主语之前，其结果也不好。如例 3-12 所示。

【例 3-12】① What will you like？

② Will you like what？（错句）

③ What you will like？（错句）

2. 汉语

【例 3-13】①我吃了饭。

②我在家吃了饭。

③我把饭都吃了。

④我吃了妈妈做的饭。

⑤我饭早就吃了。

⑥饭，我早吃了。

例 3-13 ①表明，汉语像英语那样遵循 SVO 语序，因为主语“我”在动词“吃”之前，宾语“饭”在动词之后。在②中，介词“在”出现在介词短语“在家”的前面，这也符合 SVO 这种语序的规律。然而，介词短语“在家”出现在动词短语之前而不是之后。同样，③中的介词短语“把饭”也出现在动词短语之前。另外，在④中，定语从句的中心词“饭”出现在定语从句之后。在⑤中，宾语“饭”出现在动词之前。所有这些现象表明，汉语不完全像英语那样严格遵循 SVO 语序，却有着 SOV 语序。可是当我们发现，以汉语为母语的本族语者还可以说像⑥那样的句子时，我们不得不承认汉语语序的复杂性。除了 SVO 和 SOV 这两大结构以外，汉语还允许 OSV 这么一个语序结构存在。

汉语的语序历来是语言学家重点关注的问题。1974 年，李纳和汤普生提出汉语语序演变假设（Chinese word order drift hypothesis），即在过去两千年里汉语的语序逐渐从上古时期的 SVO 朝 SOV 发展，到了近代汉语时期，语序已经基本固定为 SOV 结构。从一定意义上来讲，持这种观点的历史语言学者主要受以下两个语言事实的影响：第一，到上古汉语时期，代词宾语和疑问句宾语已逐渐从否定动词后的位置移至动词之前；第二，表示方位和工具的介词短语从动词之后移至动词之前。

对于这一语序演变假设，诺尔曼于 1988 年指出了其中的一个问题。那就是，在上古汉语时期，许多介词短语已经出现在动词前面，如表示工具的介词短语可以前置。他认为，这种语言现象只能看作对当时那种语言句型的扩充表现。如果说汉语经历了从 SVO 到 SOV 这种语序的重大变化，那么如何解释近代汉语里除了很多介词短语可以出现在动词之前以外，也还有不少介词短语可以跟在动词后面这个现象？1996 年，孙朝奋通过详细分析古代汉语中介词短语的句法结构发现，前置的介词短语在古代汉语时期是十分普遍的。介词短语从出现的频率来看，几乎一半出现在动词之前，另外一半出现在动词之后。根据这个数据，孙朝奋指出，不能用介词短语的位置作为 SVO 到 SOV 语序演变的证据。

对于汉语语序究竟是 SVO 还是 SOV 这个争论已久的历史问题。1990 年，生成句法学者李艳惠根据乔姆斯基的格语法理论和 X-Bar 理论，提出了两分法。她认为，在深层层面上汉语的语序为 SOV，介词短语出现在动词之后，名词出现在名词短语之后。在表层层面上，汉语的语序是 SVO，介词短语出现在动词之前，名词出现在名词短语之后。动词之所以要在表层层面上移到宾语之前是为了满足动词赋格的要求，即在表层层面上动词必须为紧跟在动词后面的宾语赋格。

黄正德、李艳惠和李亚非于 2009 年出版的《汉语句法学》一书指出，由于汉语是主题主导语言（topic-prominent language），汉语的语序可以表现为三种结构，即 SVO、SOV 以及 OSV。如例 3-14 所示。

【例 3-14】①我喜欢音乐。（SVO）

②我音乐很喜欢。（SVO）

③音乐，我很喜欢。（SVO）

他们认为，SVO 是汉语的基本语序，而另外两种则是变体，这是因为后面两种变异的语序结构有不同于基本语序结构之处，主要表现在以下两个方面。

第一，在变异的语序结构中，其宾语必须是特指或有定语的名词，而在基本语序结构中的宾语没有这种限制。由此可知，以汉语为母语者可以接受例 3-15 ①，但无法接受②与③。

【例 3-15】①我在找一本小说。（SVO）

②我一本小说在找。（SVO）

③一本小说，我在找。（SVO）

第二，在基本语序结构中，否定词“没”可以与“什么”“任何”等负极词合用，而这种组合却不能出现在变异的语序结构中，如例 3-16 ②和③。

【例 3-16】①他没写什么 / 任何书。（SVO）

②他什么 / 任何书没写。（SVO）

③什么 / 任何书，他没写。（SVO）

黄正德、李艳惠和李亚非指出，虽然两种变异的语序结构在以上两个方面有别于基本的语序结构，但是，这并不意味着这两者是等同的。比如，在 SOV 结构中的宾语具有对比或强调的意义，而在 OSV 结构中的宾语没有这种特殊语义。在这里，我们采纳黄正德、李艳惠和李亚非的观点，把 SVO 看作汉语的语序。

如果把汉语的语序看作如同英语的语序——SVO，那么汉语在构成特殊疑问句时是否跟英语一样需要移动其特殊疑问词呢？如例 3-17 ②、④所示，是汉语特殊疑问句的两个例子。

【例 3-17】①张三看见了李四。

②张三看见了谁？

③张三喜欢电影。

④张三喜欢什么？

通过分析例 3-17 ②和④，我们不难看出，汉语里的特殊疑问词“谁”和“什么”不必移至句首。因此，汉语的特殊疑问句和英语有着十分明显的差异：汉语的疑问词保留在原位，英语的疑问词需要移到句首，而且英语的助动词需要移到主语的前面。生成句法学家黄正德在研究中透过这些表面差异，发现英语和汉语在特殊疑问句的结构上有着许多相似之处。比如，例 3-18 中的三个句子分别有着不同的意义。其中，①是一个直接问句，需要针对问题给出答案。②是一个陈述句，并带有一个间接问句。③既可以作问句，也可以作陈述句，具有不同的意思。

【例 3-18】①张三以为李四买了什么？

②张三想知道李四买了什么。

③张三记得李四买了什么？（。）

与汉语相对应的英语句子也有三种不同的情形。例 3-19 ①和②形成一个对比，两者的动词都是“think”。③是针对“Mary”所买的东西提出“John”会想些什么这么一个问题，这个问句符合英语语法。但是②就不合语法，因为动词“think”不能选择间接问句当作其宾语。③和④中的动词是“wonder”，该动词只能选择间接问句作为其宾语，不能就宾语成分直接提问，所以③不合语法，而④符合语法。⑤和⑥中的动词“remember”可以选择直接和间接问句，所以二者都符合英语语法。

【例 3-19】① What does John think Mary bought？

② John thinks what Mary bought.

③ What does John wonder Mary bought？

④ John wonders what Mary bought？

⑤ What does John remember Mary bought？

⑥ John remembers what Mary bought.

为什么汉语中的三个句子有着三种不同的含义，而相对应的英语句子有着三种不同的语法差异？为了解释例 3-18 中各句的语意和例 3-19 中英文句子的语法现象，为了解释英语和汉语在特殊疑问句上的相似点和不同点，黄正德提出了汉语特殊疑问词移动假设，即汉语跟英语一样，特殊疑问词需要移至句首。不同的是，在英语里，特殊疑问词的移动发生在表层层面（S-structure），所以这种移动是有形可见的。而在汉语里，特殊疑问词的移动发生在逻辑层面，因此这种移动是无形的。此外，这两种语言除了在移动层面上有所不同，移动的原因也有所不同。在英语里，移动疑问词是为了构成符合语法的疑问句。而在汉语里，移动疑问词是为了解释不同语义的句子。

既然汉语和英语都需要移动特殊疑问词以构成特殊疑问句，我们可以推测，二者的移动都必须受到一定的制约（例 3-20、例 3-21）。例 3-20 中的三个英语句子，当疑问词“how”从三个受到限制的句法结构中提取移至句首时，其结果不合英语语法。例 3-21 是三个汉语疑问句，同样也是不符合汉语语法的。

【例 3-20】① How do you like [the man who fixed the car]？

② How did you feel satisfied [after he fixed the car]？

③ How would [for him to fix the car] be nice？

【例 3-21】①你最喜欢为什么买书的人？

②他在李四为什么买书以后生气了？

③我为什么买书最好？

显而易见，以上两个例子不符合语法的主要原因是英语和汉语句中的疑问词移动违反了空范畴原则（简称 ECP）。所谓空范畴原则，要求非代词性的空语类（trace）必须受到恰当的管辖。换句话说，空范畴原则要求移动某个成分时不能跨越句法孤岛，否则空语类得不到管辖。由此可知，以上两例中的疑问词都跨越了各自的句法孤岛，所以都不符合语法。

以上两例中的特殊疑问词分别是“how”和“为什么”，在从句中充当状语。如果疑问词是“what”和“什么”并在从句中充当宾语，那情形又会如何呢？例 3-22、例 3-23 分别是英语和汉语的例句，当疑问词“what”和“什么”在从句中充当宾语时，我们发现，从句法孤岛中提取名词并将其移至句首所构成的英语句子仍然不符合英语语法，然而相对应的汉语句子却可以接受。

【例 3-22】① What do you like [the man who fixed]？

② What did you feel satisfied [after he fixed]？

③ What would [for him to fix] be nice？

【例 3-23】①你最喜欢买什么的人？

②他在李四买什么以后生气了？

③我买什么最好？

综上所述，当疑问词在句中的功能是修饰语时，汉语和英语的疑问词移动都受制于 ECP。当疑问词在句中充当主词时，英语的疑问词受制于 CED（限定条件），而汉语不受任何限制。对于英语和汉语在这个方面的差异，黄正德提出了以下解释：ECP 的约束限制在逻辑层面和表层层面上起作用，而 CED 的约束限制只能在表层层面工作。这样在逻辑层面上移动的汉语疑问词“为什么”

只受制于 ECP，在逻辑层面上移动的汉语疑问词“什么”就不受 CED 的限制，而在表层层面上移动的英语疑问词“what”必须同时受制于 ECP 和 CED。解释汉语的特殊疑问句，除了以上这种特殊疑问词移动假设以外，另外有学者提出特殊疑问词不移动理论，感兴趣的读者可查阅相关文献。

3. 发展方向

从 20 世纪 90 年代中期开始，乔姆斯基及其同事在原则参数模型理论的基础上创建了最简方案理论。最简方案的最大特点就是对普遍语法中的理论和原则进行大量的精简。比如，最简方案已将语言形式结构中的四个层面（深层结构、表层结构、语音结构、逻辑结构）减少到语音结构和逻辑结构两个层面。同时，最简方案合并和包含条件这两条原则取代了短语结构规则。所谓合并是指两个句法单位可以结合在一起构成一个大的句法单位。所谓包含条件是指句法结构的特点必须来自其组成成员的词汇特点。最简方案的核心是在最大程度上用最简单的手段解释最复杂的语言现象。从语言进化角度讲，人类语言的进化速度可以用“迅猛”来形容，要想圆满解释人类语言的快速进化，很难假设语言的先天机制如同原则参数模型理论那样含有众多复杂的原则。从哲学角度讲，乔姆斯基希望走出“解释充分性”这一阶段以达到更高的境界。从“观察充分性”到“描述充分性”再到“解释充分性”是生成语言学对传统语言学的一大“革命”。现在，最简方案不仅希望要充分解释语言事实，而且要能解释和说明语言会具有这些语言事实和特点的真正原因。这种追求“超出解释充分性”的境界是为了达到这个目标：找出哪些语言的结构和语言的使用是人类语言机制所特有的。最简方案通过寻找语言的结构和语言的使用，从而对语言的本质、语言的习得和语言的使用做出科学的解释。

对于生成语法今后的发展，贝克于 2010 年提出了形式生成类型学。顾名思义，形式生成类型学是将乔姆斯基的普遍语法和格林伯格的类型学理论合二为一，这种结合是将两者的精髓有机地融为一体。形式生成类型学，一方面采用生成语法的抽象、形式的手段对语言进行深入、透彻的分析；另一方面运用类型学的方法分析、比较多种属于不同语族的语言，从而在世界各地众多的语言中寻找出人类语言的共同点。形式生成类型学倡导的研究策略为中间法，即对一定数量的语言进行一定深度的语言分析，贝克将语言分析的最佳数量定在 10 ~ 20 种之间。采用中间法，既能避免生成句法的弊端——只关注某一个别语言或同属某一语族的几种语言，又能避免类型学的传统——只注重显而易见的表面现象，缺乏对抽象特征的深层研究。形式生成类型学着重探讨以下三大问题：①自然语言中哪些特点属于人类所共有的普遍东西？②自然语言中哪些特点属于某一特殊语言？③哪些语言差异是系统的、有规律的，因而属于语法的范畴；而哪些差异是随机的、无规律的，因而属于词汇的范畴？

鉴于语言直接体现人脑的认知，研究语言势必需要解答人脑的认知本质是什么这一根本问题。为此，以上三个问题的答案对人脑的本质和起源将有哪些启示，也是形式生成类型学关心的另一问题，虽然它不是句法学家所面临的直接的问题。

与乔姆斯基所提出的三大基本问题（即什么是人类的语言知识？儿童是如何习得母语的？人们是如何使用语言的？）相比较，可以发现，形式生成类型学的三大课题是对乔姆斯基的三大经典问题的进一步诠释，其目标仍是探究语言的共性。毫无疑问，生成语法是形式生成类型学的坚实根基，因为在语言是什么这一基本问题上，形式生成类型学完全认同了乔姆斯基的观点，也就是说，研究人类语言的根本目的是研究人脑的本质。另外，形式生成类型学继承并强调生成语法所坚持的抽象的研究手段，因为许多跨语言的比较分析研究必须透过语言的表面现象，通过抽象的假设、检验才能得出有实质意义的结论。

在这里，需要强调的是，形式生成类型学与乔姆斯基的最简方案理论没有根本的冲突，因为两者都希冀在最大程度上解释语言现象，只是两者所采用的研究策略不同而已。生成类型学因为注重横向的、跨语言的研究，所以它在尽量将语言理论原则保持为常量的基础上，力求通过增加可研究的语言素材来提高其解释能力。而最简方案理论因为重视纵向的、个别语言的研究，其做法是通过减少语言原则来提高描写、解释语言现象的能力。如果说生成类型学与生成语法有什么不同，最大的差异在于生成类型学增加了跨语言的素材，引进了对比分析的手段，并将重点放在收集、分析不同语族的语言，旨在从中找出人类语言共享的普遍规律。

二、句法关系

一般情况下，句法关系可以分为三种，即位置关系、替换关系及同现关系。下面，我们主要围绕这三种句法关系进行具体的阐述。

（一）位置关系

语言要完成其交际功能，就必须设法标记出分句中各短语的语法作用。例如，在“The boy kicked the ball.”中，就须用一种方法来标明第一个名词短语作主语，第二个名词短语作间接宾语。人类语言中两种最常用的传达这种信息的方法是位置关系（或词序）和缀合法。

位置关系，又称词序，指的是语言中词汇的排列顺序。显而易见，句子中的词语只有按照语言的规约进行排列，才能产生符合语法的言语。如例 3-24 所示。

【例 3-24】① The boy kicked the ball.

② Boy the ball kicked the.（错句）

③ The ball kicked the boy.（错句）

在其他情形中，如例 3-25 引用的两个句子词数相当、词形相同，且均符合语法规范，但意义却截然不同。

【例 3-25】① The teacher saw the students.

② The students saw the teacher.

位置关系是“组合关系”一个方面的表现，后者是由索绪尔发现的。其实，词序是将世界上各种语言分类的三种基本方法（词序、起源性、区域分类）之一。按照这种分类法，世界上总共有六种可能的语言类型，即 SVO、VOS、SOV、OVS、OSV 和 VSO。英语就属于 SVO 型语言，尽管这并不意味着 SVO 是英语中唯一可能的词序排列。

（二）替换关系

首先，替换关系是指语法上可以在相同结构句子中相互替换的词类或词语的集合。如例 3-26 所示。

【例 3-26】

The {man / boy / girl} smiles.

其次，替换关系是指在语法上可以共同替代某一集合中一个词语的含有一个以上词语的集合。如例 3-27 所示。

【例 3-27】

① The {strong man / tallest boy / pretty girl} smiles.

② He went there {yesterday. / last week. / the day before.}

在例 3-27 ①中，我们可以从名词短语中做出选择。而在例 3-27 ②中，我们可以选择一个副词短语。这就是索绪尔所谓的联想关系，或者是叶尔姆斯列夫的聚合关系。

（三）同现关系

同现关系的意思是，不同组分句中的词语可准许或要求与另一个集合或词类中的词语同现来构成句子或句子的某个部分。

三、短语与句子

（一）短语

短语是含有一个以上词语的单一结构要素。一般情况下，短语首先应是构成一个成分的一组词语。其次短语在语法层级上要低于分句。更精确地说，简单分句可以包含短语，但是简单短语（一般）不包含分句。如例 3-28 所示。

【例 3-28】the three tallest girls（名词短语）

has been doing（动词短语）

extremely difficult（形容词短语）

to the door（介词短语）

very fast（副词短语）

然而，有一种趋势要区分词组（word group）和短语。词组是通过对某词类的词语进行修饰所做的扩展，而该词语所属词类的主要特征没有发生变化。因此我们就有了名词词组、动词词组、副词词组、连接词词组及介词词组（如 right behind，all along）。上例中的“to the door”被视为介词短语，它由一个介词和一个名词词组构成，故不再是介词。

（二）分句

一个成分具有自己的主语和谓语，若其还被一个更大的句子所囊括，则该成分可称为分句（clause）。

分句分为两大类，即限定性分句和非限定性分句。非限定性分句包括传统的不定式短语（infinitive phrase）、分词式短语（participial phrase）和动名词式短语（gerundial phrase）。如例 3-29 所示。

【例 3-29】① The best thing would be to leave early.

② It’s great for a man to be free.

③ Having finished their task， they came to help us.

④ Xiao Li being away， Xiao Wang had to do the work.

⑤ Filled with shame， he left the house.

⑥ All our savings gone， we started looking for jobs.

⑦ It’s no use crying over spilt milk.

⑧ Do you mind my opening the window ?

（三）句子

从传统的语言观角度来看，句子是能够表达思想的最小单位。20 世纪 30 年代中期，布龙菲尔德对句子做出了定义：“在无论多大的语言形式中，不被任何语法结构所包含的结构。”句子可根据结构和功能两个层面进行分类。传统分类法是按照句子结构进行的两分法，如图 3-3 所示。

- 句子
  - 简单句
  - 非简单句
    - 复杂句
    - 复合句

图 3-3　按照句子结构分类

图 3-4 所示是按照句子功能分类的框架。

- 句子
  - 陈述式
    - 疑问句
      - 一般疑问句
      - 特殊疑问句
    - 陈述句
  - 命令式
    - 弱祈使句
    - 祈愿句

图 3-4　按照句子功能分类

从目前来看，相关专家与学者对语言的交际功能产生了兴趣，并对其做出了研究，主要把语言的交际功能总结为“陈述”“疑问”“命令”，等等。

1969 年，鲍林格根据词类描述了五种基本句型（如例 3-30 所示）。

【例 3-30】① Mother fell.（nominal+intransitive verbal）

② Mother is young.（nominal+copula+complement）

③ Mother loves Dad.（nominal+transitive verbal+nominal）

④ Mother fed Dad breakfast.（nominal+transitive verbal+nominal+nominal）

⑤ There is time.（there+existential+nominal）

第四节　语义语言学

一、语义学概述

（一）语义学的内涵

语义学研究的是语言单位和话语的意义，包括意义的本质、意义间的关系，以及意义间相互作用的规则。这种意义是抽象于语言使用之外的，是自然语言的各个单位的意义，包括词素、词、词组、句子、篇章等。

由于语义是反映人类的思维过程和客观实际的，它与人类过程中所涉及的方方面面都有着密切的联系。作为研究语义关系的一门科学，语义学与哲学、心理学、逻辑学、人类学、符号学等学科也都有着密切的联系。这样，语义学实际上成了跨学科的交叉性学科。总的说来，语义学是语言学的一个分支学科，它自身又可以分为词汇语义学和句法语义学两部分，它们的研究内容分别是词汇方面和句法方面的问题。词汇语义学研究词语的语义结构和语义聚合关系，以及语义的发展演变等；句法语义学主要研究句子的语义构造和语义组合关系，以及句子之间的意义联系。这是从微观角度论述。从宏观角度看，语义学的研究内容有内外之分，所谓“内”，就是从语言单位意义本身出发，研究其特点、构成、各个单位意义之间的关系等；所谓“外”，一方面是要研究语言符号与其所指称的外部世界的关系，另一方面是指它要用语言外部的世界来判断一句话的存在意义。

（二）语义学的起源和发展

现代意义上的“语义学”由法国语文学家布列阿尔提出。1897 年，他的著作《语义学探索》问世，对语义学的研究对象和方法做了系统的阐述，从而标志着语义学作为一门独立学科的诞生。然而在随后的漫长时间里，语义研究并未受到太多的重视。直到 20 世纪中期，人们才开始关注对语义的研究。第七届国际语言学大会（1952 年）和第八届国际语言学大会（1957 年）都对语义问题十分重视，很多学者不仅对其进行研究，同时也出版了很多相关的专著，具有代表性的作家有乌尔曼、帕尔默、利奇和莱昂斯等。由此可见，随着语言学的发展，语义学在现代语言学研究中的地位不断上升。今天，语义学已突破了传统的语义学在研究层次和研究方法上的相对单一，实现了跨学科、多维度和多层次的研究。未来语义学发展的两个重要方向是认知语义学和形式语义学。

回顾语义学研究百年来的发展，有学者将其分为以下四个阶段：①准备阶段（约 1825—1880 年）。在这一阶段，历史比较语言学的兴起和浪漫主义诗人对于词语的兴趣，催生了语义学。②词源学阶段（约 1880—1930 年）。在这一阶段，语义学家对于语义变化的类型、方式和原因进行了深入的探讨。③结构主义阶段（约 1930—1962 年）。在这一阶段，语义学家们将索绪尔的结构主义语言学理论的原理和方法应用到了意义变化的研究中。其中的杰出代表是德国的特里尔，他提出了著名的语义场理论。乔姆斯基也通过不断修正自己的转换生成语法，将语义解释涵盖在自己的理论中。随着对于句子意义研究的重视，人们开始认识到句子意义并不等于词语意义的简单相加，而应该成为一个独立的研究对象。④多元化的阶段（约 1970 年至今）。这一阶段的特点是：语义学研究更为多学科、多维度和多层次。研究者们运用语言哲学、心理学等学科的方法，从不同的角度、不同的层次对语义进行研究。

（三）语义学研究

语义学的研究主要包括以下三个方面的内容。①词汇语义研究。词汇层面的研究主要集中在词义问题、义素分析、词的聚合问题、词汇场、同形异义词和多义词、成语的语义等方面。②句子语义研究。句子层面上的研究是以真值条件语义理论、配价理论、生成理论、言语行为理论、含义理论为基础，来研究句义关系、句法结构和语序等问题。③话语语义研究。这是针对句子以上的层次的结构意义方面的研究，包括话语的标准、话语的衔接、话语的连贯及照应等。

随着语言学的发展以及语义学的研究越来越深入，目前在国际上语义学越来越受到重视。但是，就其在我国的发展状况来看，因为语义学的发展较晚，专门从事语义学研究的队伍还不够强大，所以难免存在着一些问题，具体来说包括以下几点：研究领域发展不平衡、研究方法受到制约、研究的应用性有待加强。但是从整体来看，我国的语义研究已经走过消化、吸收西方语义学理论的阶段，现在已能利用西方语义学理论来解决自己的具体问题，尤其是我国俄语界对语义学的研究较为深入。所以，只要我们继续努力，不断完善研究内容，解决上述问题，相信不久的将来我国的语义学研究一定能赶上和超过世界先进水平。

二、语义特征

语义对立的观念常常反映在语义特征的差别和对立上，如“南”和“北”、“东”和“西”、“大”和“小”，即是特征上的相反。在今天的语义学，特别是结构语义学里，语义特征的分析非常重要。西方进行的主要是这样的研究，如例 3-31 所示。

【例 3-31】man=“human”×“male”×“adult”

woman=“human”×“female”×“adult”

boy=“human”×“male”×“non-adult”

girl=“human”×“female”×“non-adult”

分析语义特征，首先要提取普遍因子或普遍特征（从人类的角度看，实际上是一个语义类）。如 man、woman、boy、girl 这组词有一个普遍特征“human”。然后，按照一定的层次考虑对立，通过对比把语义特征提取出来。如 man、woman 与 boy、girl 之间的对立是成年与未成年的对立；man、boy 与 woman、girl 之间的对立是男性与女性的对立。通过对比分析，得出一组语义特征：human、adult/non-adult、male/female。

如果已经确认“human”“adult/non-adult”“male/female”都是语义特征，各种语言的语义系统都可以使用，就可以用大写来表示：HUMAN、ADULT/NON-ADULT、MALE/FEMALE。这样，man、woman、boy、girl 这组词的语义特征就可以表示为例 3-32。

【例 3-32】man=“HUMAN”×“MALE”×“ADULT”

woman=“HUMAN”×“-MALE”×“ADULT”

boy=“HUMAN”×“MALE”×“-ADULT”

girl=“HUMAN”×“-MALE”×“-ADULT”

可以看出，这是用数学公式对语义特征进行严格的形式化分析，其中的乘法符号“×”相当于结合。在国际上，使用合取的命题连接符号“&”也是可以的。每一个语义特征的对立都可以用正负号“+/-”表示，但是正号“+”往往省略。

这里有一个问题，在区分语义对立的时候，“MALE”和“FEMALE”这一对语义特征，哪个是基本形式呢？也就是说，在描写的时候是“+/-MALE”还是“+/-FEMALE”？汉语和英语中，这两种选择都是没有问题的，但在母系社会或母权社会里会比较特别，可能只能选择后者。

需要强调的是，提取语义特征时一定要把层次区分开，否则就无法考虑对立。如不能把 man 和 girl 放在一起，也不能把 woman 和 boy 放在一起，因为这样放在一起的话就无法分析和对比。再如“父亲”跟“姨父”的关系，从对立角度来说，要跨越多个层次才能发生关联。“父亲”跟“母亲”的对立、“姨”跟“姨父”的对立是同一个层次上的对立，而“父亲”跟“姨父”的语义关系是很远的，不能放在一个层次上分析，否则会造成分析上的混乱。所以，在对比时还要考虑到直接对立的概念。如果先把间接或边缘的对立拉进来，就无法对这个系统进行分析。

三、语义歧义

（一）歧义的内涵

所谓歧义，指的是同一形式的语言符号序列可能表达不同意义的现象。例如，当我们看到“炒蛋炒饭”这个词组时，可能会产生两种理解：第一，既炒蛋又炒饭，其结构可以分析为“炒蛋 / 炒饭”；第二，拿蛋做配料来炒饭，其结构可以分析为“炒 / 蛋炒饭”。同一句话，却因为不同的读法产生不同的含义，这就是“歧义”。

要弄清“歧义”的本质和内涵，首先需要明确区分以下三个概念。

①通过对这一含义的理解和分析，我们能看到，称为歧义的语句，必须有一个前提，即语言符号序列必须同形。同形分为口头同形和书面同形。所谓口头同形，就是用口头表达出来的时候，可以做到音位及其组合形式，还有韵律特征等都相同；所谓书面同形，就是用书写的形式表达出来的时候，书写符号及其排列形式相同。另外，我们要知道，在实践中，口头和书面经常会出现不同形的情况，所以，口头同形和书面同形并不总是同时发生的。因此，只有口头和书面同形时出现的不同才能叫歧义。

例如在口头上“明天 qi zhong 考试”可以有二解，第一种理解是“明天期终考试”，第二种理解是“明天期中考试”。写在书面上就不再同形了，歧义当然也不复存在了，这就是所谓的书面无歧义，口头有歧义的。

当然，也有在书面上存在歧义，但是口头说出来就不产生歧义的，例如“上海人多”在书面上是有歧义的，但在口头上，一个是“上海 / 人多”，一个是“上海人 / 多”，二者不同形，因此歧义也不会产生。

②要弄清楚歧义的性质，有必要跟模糊和笼统划清界限。模糊的特点是该

语义与别的语义界限不清晰，表现为一种“渐变性”。例如，“黄”与“非黄”（如“橙”“绿”等）就不能绝对分清楚。所以“摘了朵黄色的花”的语义也是模糊的。然而无论怎样模糊，作为一种颜色的“黄”以及上面那个句子都无歧义可言。而“这本书是黄色的”则可以有二解：第一种理解，这是本写色情的书；第二种理解，这是本用了黄封面的书。

③另外，抽象性也会导致语句产生歧义，因为太过笼统，不同的人可能会产生不同的答案。例如，“这是词典”，并未说清是什么类型的词典，不知道是汉语词典还是外语词典，是科技词典还是普通词典，表现为种“多解性”，也会产生歧义。

（二）歧义的分类

归纳歧义类型，实际上也就是寻找歧义的原因。从分析“歧义”的内涵，我们可以知道，歧义首先可以分为口头歧义和书面歧义两大类。其中，口头歧义主要是同音词产生的。而在语法学界，人们主要关心的是书面歧义。书面歧义又可以分为词汇歧义和组合歧义。下面我们主要对这两种类型的歧义进行分析。

1. 词汇歧义

词汇歧义主要是由于同形（书写形式相同）异义和一词多义造成的。例如：“他乘机（机会 / 飞机）走了”“他走（行走 / 离开）了一个多小时了”“他的包袱（包裹 / 思想负担）很重”“车上的人多半儿（大部分 / 可能）是外语学校的”。英语里“After taking the right turn at the intersection...”，有“在路口右转后”与“在路口沿正确的方向转弯后”两义。

2. 组合歧义

组合歧义是由词语组合关系上的原因造成的，一般可以分为语义组合歧义和语法组合歧义两种。

（1）语义组合歧义

就是相同的词语之间可以有不同的语义组合关系，从而造成歧义。例如，“连老王都不认识”，其中的“老王”既可以是“认识”的施事，也可以是“认识”的受事。按前者来理解，全句的意思是说“老王都不认识（这个人）”；按后者来理解，全句的意思是说“别人不认识老王”。又如“北京、广州我们都去过”，其中“都”的语义既可以指向“北京、广州”，也可以指向“我们”。按前者来理解，句子的意思是“我们不但去过北京，还去过广州”；按后者来理解，句子的意思是“我们之间没有谁没去过北京、广州”。

（2）语法组合歧义

语法组合歧义可以分为四种形式，如下。

①词类不同造成的歧义。例如，“菜热不热”这句话根据“热”这个词的不同词类可以有两种解释。第一种，“热”作动词，意为“加热”，那么这句话的意思就是“菜用不用加热？”；第二种，“热”作形容词，意为“热的”，那么这句话的意思就是“菜是不是热的？”。

②词和短语通形造成的歧义。例如，“我去银行存款”和“我的存款并不多”这两个句子中，“存款”的形式相同，含义却不同。在第一句中，其含义是“存钱”，表示的是一个动作；而第二句中的含义是“已经存下来的钱”，是名词。

③结构关系造成的歧义。如果相同的词语之间可以有不同的层次构造，也有可能造成歧义。例如，“新职工宿舍”这个词组的层次构造可以是“新 / 职工宿舍”，也可以是“新职工 / 宿舍”。按前者来理解，词组的意思是“新建的职工宿舍”；按后者来理解，词组的意思是“新入职职工的宿舍”。再如“两个外语学院的学生”这个词组，其层次构造可以是“两个 / 外语学院的学生”，也可以是“两个外语学院的 / 学生”。按前者来理解，词组的意思是“两个来自外语学院的学生”；按后者来理解，词组的意思是“来自两所外语学院的学生”。下面英语句子的歧义也是这一原因产生的，“He is an associate editor and professor.”这一句可以指“他是位副主编、副教授”，也可以指“他是位副主编、教授”。

④语法关系造成的歧义。例如，“炒鸡蛋”一词就可以有两种不同的语法关系。第一种，作动宾关系的时候，意思是“以炒为烹制方式对鸡蛋进行加工”；第二种，作偏正关系的时候，意思是“以炒为烹制方式做出的供食用的鸡蛋”。

（三）歧义的破解

1. 语音制约

语音制约歧义主要体现在以下四个方面。

①轻声。例如，“我想起来了”这个句子中的“起来”，如果读原调（qǐlái），句子的意思是“我想起床了”；如果读轻声（qilai），句子的意思是“我想到了”。

②重音。例如，“除了肖华，他最怕严教授”，如果重音落在“他”上，说明“肖华”和“他”都怕严教授；如果重音落在“严教授”上，说明“他”怕“肖华”和“严教授”。

③声调。例如，“他背着儿子常常去老赵家下围棋”中的“背”。如果读

去声（bèi），其意思是“隐瞒”；如果读阴平（bēi），其意思是“用背的方式”。

④停顿。例如，“我讲不好”这个句子，如果在“我”和“讲不好”之间有所停顿，句子的意思是“我可能讲不好”；如果在“我讲”和“不好”之间有所停顿，句子的意思是“由我来讲，这不好”。

2. 语义制约

给句子营造相应的语义，使得句子中的语义相互制约，从而排除歧义。例如，“她借我 10 元钱”有歧义，但如果说成“她（向）我借 10 元钱”，或“她借（给）我 10 元钱”便不再有歧义。又如，“他乘机走了”有歧义，但如果说成“他乘机（从后门）走了”，或“他乘机（飞）走了”，便不再有歧义了。

3. 语境制约

有时候，一个句子单独罗列出来，可能会有歧义，但是，当其位于一个特定的语言环境中的时候，人们很容易就能明白其含义，而不会产生歧义。例如，听到“今天我来上课”这句话，有可能指的是一个学生来上课，也有可能是指一位教师来给学生们上课。当我们赋予其特定的语言环境，例如，“一个教师走上讲台说：‘今天我来上课。’”，那自然就不会有歧义。

4. 语法制约

某些词语可能具有特定的语法功能，受这种条件的制约，就会很容易排除歧义。例如，“没有报名的”这个词组可以有二解，即“没有 / 报名的”和“没有报名 / 的”。但如果在前面加上“有没有”构成“（有没有）没有报名的”，则由于“有”要求名词宾语，从而排除前一种可能，只能做后一种理解。又如“关心职工的领导”可以理解为“关心 / 职工的领导”，也可以理解为“关心职工的 / 领导”。但如果有“一位”的修饰构成“（一位）关心职工的领导”，由于数量词组只修饰名词，因此排除了前一种可能，只能理解为后者。

5. 上下文制约

由于上下文的存在，排除了蕴涵或预设的另外的可能性，从而也就排除了歧义。例如，电视连续剧《密探》中有一个句子：“（她是）我表弟的崇拜者。”在没有上下文的情况下，这个句子的意思可以是“她崇拜我表弟”，但也可以理解为“我表弟崇拜她”。那么我们来看一下其具体的语境：“潘非：‘她是谁？’孟梅：‘我表弟的崇拜者。’潘非：‘干什么的？’孟梅：‘电影明星，架子很大，我表弟在她面前总是诚惶诚恐的。’”通过这段对话，我们就能很明显地看出来，这句话的意思其实是“我表弟崇拜她”。这就不会产生歧义了，这就是上下文制约的作用。语义歧义是语义学研究中的一个重点内容，因为很多情况都会导致歧义现象的产生，进而误导读者对语义的理解。所以这种现象不仅会影响到语言的表达，也会是语言学发展道路上的一个障碍，所以它将会成为语言学研究的一个重要部分。

第四章 微观视角下语言的交叉学科

近年来，我国的语言学研究获得了长足的进展。英语语言学研究在新世纪已经不再是单纯的语言基础研究内容了，对其研究必须要立足于开放的视野，对研究的深度和广度进行扩充，并将其与其他学科的研究联系在一起，致力于对微观视角下语言交叉学科的研究。本章包括话语语言学、对比语言学、比较语言学、演化语言学、模糊语言学、语料库语言学、系统功能语言学七部分。

第一节 话语语言学

连贯的话语是话语语言学（discourse linguistics）的研究对象，所有的言谈和文字只要能在内容和结构上构成一个整体就可以将其称为连贯的话语，例如，整篇文章、整部作品等都是连贯的话语。

话语是一个言语单位，它可以表达完整的意义，是句法层次的最高单位。话语分析是对包括口头会话、书面语篇在内的语言单位的分析，这些语言单位都具有一个共同的特点：大于句子或语段。

言语单位“超句统一体”是话语语法研究的主要内容，通过分析话语对连贯性话语的横向线性扩展规律进行揭示。节、章、篇等大于“超句统一体”的言语单位是话语修辞研究的主要内容，通过分析修辞来对连贯性话语的纵向线性扩展规律进行揭示。连贯性话语的分析以句际关系和句际连接手段的研究为前提。探索连贯性话语线性扩展规律的基础有以下三个：一是话语结构的研究；二是话语交际功能的研究；三是话语交际条件的研究。

一般来说，话语指的是语言整体，这个语言整体是由一系列连续的话段或句子构成的，包括独白、众人交谈、文字、对话、小说、诗歌等。它可以是讲话，也可以是文章，短的一两句即可成篇，长的可达万字以上。话语往往指交流性的口语，篇章则常常指非交流性的单方面的书面语。大多数美国学者认为话语分析就是对话语的分析，话语的特点如下：口头性、连贯性、动态性。欧洲的学者认为篇章是一种静态的书面语言单位，与句子相比，篇章更大。篇章语言学就是对篇章的研究。篇章语言学与话语分析研究具有相同之处：一是两者都是自然语言；二是两者都具有完整的意义；三是两者都超越了句子的范围，现阶段，两者的融合成为大势所趋。

话语语言学用来进行话语分析的基本方法是捷克语言学家马泰休斯提出来的“句子实际切分法”。根据词语在不同句子中具有不同的交际功能，马泰休斯把句子切分为叙述的出发点和叙述的核心两个表意部分，他认为句子实际切分法是一种功能意义分析法。布斯特认为将句子切分为主题和述题的方法就是句子实际切分法，他认为叙述的出发点就是主题，也就是叙述的对象，一般情况下这部分内容是已知的或者是不重要的；叙述的核心就是述题，也就是对叙述对象的说明，这部分内容一般是新颖的或重要的。在语言教学中（特别是第二语言教学），话语语言学的应用非常广泛。从 20 世纪 60 年代后期开始，话语语言学逐渐成为一门独立的语言学科。此后，研究话语语言学的语言学家越来越多，包括哈尔维克、温利希等，他们详细叙述了话语语言学的研究对象和研究方法。他们研究的主要内容包括以下几方面：一是人类正确交际的前提；二是人类正确交际的条件；三是话语与语境和上下文的关系。

1952 年美国语言学家哈里斯在杂志上发表了论文《话语分析》。哈里斯认为，语言发生的背景是连贯的话语，而不是零散的词或句子。他将话语看作一个结构单位，采用结构主义的分布分析法来对话语进行分析。20 世纪 70 年代后，涌现了大量有关话语分析的理论。

英国哲学家奥斯汀认为言语本身就是行为，他将话语分为两种：一种是施为句，也就是实施言语行为的句子；另一种是表述句，也就是陈述事实的句子。他还将言语行为分为言内行为、言外行为、言后行为三个层面。例如，当某人说出“I promise to come.”这句话的时候，实施的既是一个言内行为（发出了声音，使用了词语和谐法结构），也是一个言外行为（做出了承诺），还是一个言后行为（听话人感到高兴）。

第二节　对比语言学

为了解决教学或翻译问题而对比两种语言的异同的学科是对比语言学（contrastive linguistics）。对比可以在语音、语法、词汇、语用层次方面进行，也可以从语言的文化、心理、民族角度进行对比研究，还有人对不同语言的标点符号系统进行对比研究。随着全球化的深入发展，对比语言学越来越受到各国科学家和学者的重视。

20 世纪初布拉格学派中不少语言学家对语言对比发生了兴趣。马塞修斯于 1926 年发表了关于英语与捷克语对比分析的文章。1941 年美国语言学家沃尔夫在《语言与逻辑》一文中使用了“contrastive linguistics”这一名称。1953 年怀恩来希用结构主义语言学理论写了《语言接触》一书，提供了一个对比分析概念框架，提出了“干扰（interference）”这个理论命题。拉多出版了对比语言学专著《跨文化语言学》。

对比语言学强调重点研究两种语言的差异。对没有亲属关系的语言进行对比研究，如果把握不住语言的共性和不同语言各自独特的结构特点，就难以对语言结构做出合理而有说服力的解释。语言的研究应该以特点的研究为基础，而特点只有在对比中才能发现。

要加强汉语和英语的对比研究，这种对比研究有助于语言共性和特性的研究，有助于语言对比研究方法的建立、改进和完善。

在句法特征上，英语和汉语的主要区别是英语重形合、汉语重意合。什么是形合？形合是指语法手段主要依靠的是语言本身。什么是意合？意合是指语法手段主要依靠的是句子内部的逻辑联系。

英语更加注重语法的形式和功能，其以“形合”作为句法特征。在对句子进行组织时要以语法规则为依据，在人称、时态、语态等方面保持主语和谓语的一致性，同时，运用关联词语将主句和从句衔接起来。严密的英语结构和明确的句义形成的原因有：①句子结构较为严谨；②逻辑关系较为分明；③重视句子之间的排列；④重视句子之间的连贯性。

英语这种语言突出的是主语，汉语这种语言突出的是主题，这是英语和汉语在句法结构上的又一重大区别。一般来说，“主语＋谓语”结构是英语句子的主要结构，“主题＋述题”结构是汉语句子的主要结构。主题也就是“话题”，它是句子的起始部分，述题是指一些“新的信息”，即围绕话题进行的评论或信息的发表。有时，汉语句子的主题可能是与主语一致的名词结构。

汉英比较研究有许多方法，其中着眼于语法和修辞是具有理论价值和实用意义的一种方法。从英汉的语法特征、表现方法、修辞手段、英汉民族的思维习惯和某些文化因素等方面论述了英语和汉语的不同特点。英汉语言文化对比的内容包括综合语与分析语、刚性与柔性、形合与意合、繁复与简短、物称与人称、被动与主动、静态与动态、抽象与具体、间接与直接、替换与重复。

中西思维方式对比，内容包括伦理型与认知型、整体性与分析性、意向性与对象性、直觉性与逻辑性、意象性与实证性、模糊性与精确性、求同性与求异性、反馈性与前瞻性、内向性与外向性、归纳型与演绎型。作者选择带有普遍性的专题，采用宏观与微观相结合的方法，联系语体风格与翻译技巧进行了对比分析。

语言是知识的载体。知识的表达、传播、储存、继承、创新都得通过语言来实现。电脑要模拟人脑的语言机制，先要达到理解自然语言，才能进行知识处理，这就要求发展研究人脑语言机制的认知语言学。经济的全球化必然导致第二语音教学的蓬勃发展，呼唤高质量的机器翻译的诞生，这就需要开展语言的对比研究，以弄清楚语言的共性和个性。

第三节　比较语言学

一、比较语言学的基本概念

（一）比较语言学的定义

比较语言学（comparative linguistics）又称历史比较语言学（historical comparative linguistics），是把各种语言放在一起加以共时比较，或把同一种语言的各个不同阶段进行历时比较，以找出它们之间在语音、词汇、语法上的对应关系和异同的一门学科。比较语言学可以应用于以下三方面：其一，对相关语言之间结构上的亲缘关系进行研究；其二，寻找语言发展、变化的轨迹；其三，可以对语言发展、变化的原因进行探索。早在 19 世纪，比较语言学在印欧语系的语言研究中应用的就非常广泛了，格林、博普和拉斯克是比较语言学在印欧语系应用的主要奠基人。

自问世以来，历史比较语言学就获得了傲人的成绩，首先，历史比较语言学明确地认识了语言之间（尤其是在印欧语系的谱系分类方面）的亲缘关系，获得了相当确凿的证据。其次，历史比较语言学帮助人们了解原始母语的表现形态和使用地区。印欧语系诸语言的语音系统是历史比较语言学的研究重点。通过对梵语的深入研究，英国学者琼斯指出梵语同拉丁语和希腊语之间的对应关系具有系统性。以此为基础，琼斯推测出原始印欧语的表现形式是它们共同的起源。与此同时，琼斯还用简洁明确的定律形式将原始印欧语同后来语言之间的关系表现了出来。

（二）历史比较语言学与历史语言学的不同

在早期阶段，历史比较语言学与历史语言学的关系非常密切，历史语言学包含历史比较语言学。历史比较语言学既是历史语言学的基础组成部分，也是历史语言学的重要分支，但两者在对象任务、材料应用、方法以及研究的时间、范围、跨度等方面有所不同。

1. 对象任务不同

历史比较语言学以研究印欧语系诸语言为主，通过对比、比较研究来确立语言间的亲属关系，归纳、重建“母语”。而历史语言学以研究语言发展的一般理论、方法、原则为对象，探索语言演变的原因和规律。现代历史语言学在理论和目标上更接近普通语言学，因此可以说历史比较语言学和历史语言学的关系就是特殊与一般的关系、分支与总干的关系。

2. 材料运用不同

语言材料分活材料与死材料。历史比较语言学主要以活材料为主，也就是运用方言和亲属语言的材料，而不是文字、文献方面的死材料来建立印欧语系学。历史语言学则用死、活两种材料，即文字、文献材料和方言、亲属材料来研究、了解语言发展变化的规律，以求建立普遍适用的语言理论。

3. 方法不同

历史比较语言学以历史比较法作为历史语言学的基础，它通过对方言或亲属语言之间的差异进行比较来找出对应关系，并在此基础上探寻语言发展的规律，对原始语进行重建。历史比较语言学取得成功的关键就是比较，因此它具有普遍意义。而历史语言学则用一种以今证古的“逆向回顾法”去处理语言材料。这种方法包括历史比较法、内部拟测法、扩散理论和变异理论。这四种方法从不同的侧面对语言发展规律进行了研究。历史比较法只对方言和亲属语言之间的差异进行比较；内部拟测法主要对系统内部的一些不规则的差异进行解决；扩散理论则处理语言变化在空间和时间上的差异；变异理论通过语言共时状态中的变异去考察语言发展变化的过程、趋势与规律，使人们看到语言中共时和历时、系统与变异、语言与社会之间的有机联系。

可以说历史语言学处理语言问题的时间跨度、空间范围远远超过了历史比较语言学，而且材料更为丰富多彩，方法更为完善，其研究成果自然比历史比较语言学更带有普遍性，更富有理论上的指导意义。

二、比较语言学的特征

（一）研究的继承性和系统性

19 世纪之前的语言研究是零星偶发的，这不是因为这些研究缺乏深刻见地，也不是因为研究者对所涉及的一切缺乏品评，而是因为人们所提出的看法和取得的研究成果大都停留在孤立状态中；同时这些看法与成果不是由连续几代学者提出并加以发展的，因此每个后起的思想家没有什么可以据以创新的，也没有什么可以借鉴的。1800 年以后的情况就不同了，前后相继的学者集中于某一专门领域进行理论和实践的连续攻关，因而效果显著、成绩斐然。例如，语音规律的探索，首先由拉斯克提出，随后格里姆用大量事例加以证明、归纳，最终得出了著名的“格里姆定律”。但由于“格里姆定律”无法解释很多例外问题，于是维尔纳接着继续研究，最后解释清楚了所有例外情况，得出了著名的“维尔纳定律”。而新语法学派则借鉴生理学和心理学的研究成果，设法解决语音变化的原因，强调“类推”作用的影响。这样语音规律问题就得到了比较系统、全面、彻底地解决。

（二）语音问题的突出性

19 世纪历史比较语言学的最大成就之一就是解决了语音问题，得出了一系列的规律，如“格里姆定律”“维尔纳定律”“格拉斯曼定律”等。那么，为什么语音问题受到如此重视呢？因为当时语音学家们的主要任务就是要在所收集的语言资料基础之上，对语言进行整理、归类，以寻找它们之间的亲缘关系，重建这些语言的始源语。为了达到此目的，他们找到了通过语音对应规律去探索语音的发展规律，以确定语言亲属关系这条基本途径。他们为此付出了几代人的心血，从拉斯克到新语法学派，贯穿历史比较语言学的始终，也就是说历史比较法和音变规律的研究是具有同步性的，不通过语音对应关系弄清音变规律，也就弄不清历史比较法。

（三）德国的垄断性

为什么 19 世纪的语言学研究集中在欧洲，尤其为德国独占鳌头呢？笔者认为这里有几个方面的原因：第一，欧洲大陆的思辨能力较强，特别是德国，很多世界级的思想家、哲学家都是德国人，如康德、马克思、黑格尔等；第二，是欧洲这个世界近代文明的摇篮，当时已成为世界政治、经济、军事等方面的"火车头"，而德国又是其中的重要一员；第三，19 世纪自然科学的突破性发展，如达尔文学说带动了其他学科的发展，特别是改变了人们的传统思维方式，黑格尔的思辨哲学又给思维注入了新鲜的血液，为人们观察事物提供了理论指导；第四，浪漫主义思潮可以说是 19 世纪语言学出现的催生婆，它使人们迷恋过去，寻求精神寄托与归宿，促使人们怀着极大兴趣去寻根问底；第五，德国的民族主义思潮推动了德国的加速统一，以及各方面的腾飞。大家都知道，19 世纪的德国经历了三次战争——普丹战争（1864）、普奥战争（1866）和普法战争（1870），于 1871 年终于实现了统一，结束了长期分割的局面。至此，300 年来德意志人的民族统一之梦最终得以实现，这无疑使德国人更加自信，使德国进入了世界大国、强国之列，德国的各种文化研究也在此后得到了蓬勃发展。

（四）印欧语的受宠性

翻开 19 世纪的历史比较语言学，人们会惊奇地发现，印欧语系的语言几乎占据了当时整个语言研究的空间，差不多每一位语言研究者都涉及了印欧语。那么印欧语系语言包括了哪些语言呢？它包括下列诸语言：斯拉夫诸语言、日耳曼诸语言、立陶宛语、意大利语、希腊语、凯尔特语、阿尔巴尼亚语、印度－伊朗语、土火罗语及很多已经消失了的古代语言。

历史比较语言学把语言历史中各个时期的语音、词汇、语法加以详尽的对比研究，证实了印度－伊朗诸语言和欧罗巴诸语言的有机联系，证实了古梵语、希腊语、拉丁语和现代印欧语的一脉相承关系，并构拟出了它们的共同祖先——上古印欧语的主要面貌。从这些我们可以看出历史比较语言学这一门学科的建立完全得力于印欧语。而印欧语系中日耳曼语的研究和语音问题的解决所采取的对比研究又是该门学科的出发点，所以语音对应规律的寻找为比较语言学的建立立下了汗马功劳。因此我们可以说印欧语系是世界上各语系中研究得最为系统、彻底的语言，这样印欧语学就得以建立了。印欧语系的研究方法论为其他语系的研究提供了指导。

（五）比较法的成效性

可以说历史比较语言学的产生完全得力于比较，那什么是比较呢？比较就是两种或两种以上同类的事物辨别异同或高下。它是我们弄清事物本来面目的有效方法之一，这是众所周知的事实。进行比较有两种目的：一种是从比较中揭示普遍的规律；另一种是从比较中找出历史的情况。

历史比较语言学或比较语法则是对语系上有关系的语言，按严格规定的方法进行比较，弄清其亲属关系的程度，并进一步根据比较的结果来研究史前阶段的来源关系。要进行比较，在比较对象之间就必须有共同的基础和某种相似之处，为此，历史比较语言学家特别重视规则的对应。下面我们看看法国语言学家梅耶在其《历史语言学中的比较方法》一书中的例子——他对现代法语、意大利语和西班牙语的数词进行了比较，如表 4-1 所示。

表 4-1　法语、意大利语和西班牙语的数词的比较

数词	法语	意大利语	西班牙语
一	un，une	uno，una	uno，una
二	deux	due	dos
三	trois	tre	tres
四	quatre	quattro	cuatro
五	cinq	cinque	cinco
六	six	sei	seis
七	sept	sette	siete
八	huit	otto	ocho
九	neuf	nove	nueve
十	dix	dieci	diez
二十	vingt	venti	veinte
三十	trente	trenta	treinta
四十	quarante	quranta	cuarenta
一百	cent	cento	ciento

从法语、意大利语和西班牙语数词的比较，我们可以看出它们同出一源，语音、语法上基本相同，其差异则表明了语音的演变规律，实际上这三种语言同来自古拉丁语。历史比较语言学占有了详尽的资料，对从北欧到东印度的大量历史文献，以及许多种现代语言记录做了全面的对比。它以基本词汇、语音形式和形态特征作为考察的重点对象，从具有典型代表性的有限语言事实出发，由个别到一般进行归纳总结，探索语言演变的历史规律；它对印欧语系、亚非

语系（闪含语系）、阿尔泰—乌拉尔等语系的研究取得了可喜的成就。正是由于比较法的功绩巨大，施勒格尔在其《论印度人的语言和智慧》一书中说：“比较语法将给我们以关于语言谱系的崭新知识，正如比较解剖学曾照亮了自然界的历史一样。”

第四节　演化语言学

一、演化语言学的定义

演化语言学（evolutionary linguistics）又称历时语言学（diachronic linguistics），指在现代语言学出现之前，大部分语言学者所进行的一种语言的历史性演化的研究，主要研究语言在一定的时间跨度内所经历的种种变化。

演化语言学是以达尔文演化论为基础的语言学，涉及生物演化和社会演化两个方面，关注语言的起源与发展这两个根本问题，演化语言学更是一个交叉学科，需要语言学、人类学、生物学、考古学等学科的通力合作。近年在国际学界发展得如火如荼，取得了很多重要的进展。语言演化和人类演化的关系是21世纪自然科学和人文科学共同关心的重要问题。演化语言学将语言现象与多学科的理论方法结合起来，是极具前沿性和发展前途的学科。

二、演化语言学的新进展

（一）群体涌现

就语言而言，“涌现”一词有几种不同的意思，它的本义是一种从无到有的变化过程，不一定要指明过程的性质或持续期间。因此，一个说汉语的人学英语时，我们可以说一种新的语言在这个人的脑海中全部或部分地涌现了出来。在演化语言学中，我们所关注的是“涌现”的两个主要意义：语言的群体涌现与个体涌现。当然，“涌现”的这两种不同意义在演化语言学上是互相关联、不可分割的，两者为如何研究语言提供了相辅相成的视角。

语言的“群体涌现”指的是人类这个物种对语言的创造以及语言如何在较长的时间跨度中演化的情况。我们的祖先以某种方式把各种运动与认知能力联系在一起，形成一个强有力的、统一的表征系统，既能用来独立思考，也能用于大众交流。用具有独特见解的比喻来说，就是我们把语言需要的许多的标准部件“整合”在一起，成就了一种马赛克作品。这一过程很可能源于早期散布于非洲及欧亚大陆人类各部落交流、合作时所进行的共同活动，起始时间大约在十万年前。该过程本身应该持续了好几千年，历经无数次的挫折与失败，才逐渐稳定并最终形成我们今天所见的各种语言。语言的单源发生和多源发生是一个由来已久的问题。比较可能的情形为语言的早期形式在许多史前遗址涌现，也即多源发生，现代语言的祖先则是近千年竞争和混合的结果。

（二）个体涌现

语言的“个体涌现”指的是儿童构造语言的过程。个体涌现和群体涌现均指涌现的过程，开始时以一些可能性构建基本轮廓，随后随着与环境持久接触逐渐充实并具体化。因而，这两种途径在早期阶段有一些明显的类似部分是不足为奇的。这两种过程最关键的差别在于：对于孩子而言，他们立刻沉浸在大量的词汇中，而我们的祖先则面临着一个巨大的挑战——去创造这些词汇。以前，恩斯特·海克尔提出了个体发生学，概述了系统发生论，但古德尔深入讨论后认为它在生物学上并不适用，同样，它在语言学上的适用范围也极为有限。不管怎样，语言的个体涌现总是处于进行的状态，全世界每天要发生成百万次。每个孩子根据生活中大量的信号讯息，特别以它周围的语言为基础来构建语言（当然这里并不一定限于语言讯号），进而创造出和他的照料者非常相似的语言。这里最重要的区别在于群体涌现没有语言模式可供参考，而个体涌现不但有丰富的文化资源支撑，同时也有合格、完备的成人做典范，更能得益于人类几千年来的生物演化，这极大地促进了语言的习得过程。

显然，用于学习的生物天赋在幼年很早阶段就已经启动了，这其中自然也包括语言的学习。几十年前科学家就发现出生才几天的婴儿就可以模仿大人的表情。最近镜像神经的发现可以为婴儿模仿行为的解释提供一个生物学的基础。最近的研究也显示四个月大的婴儿就有能力区别开自己第一语言的重音模式和其他语言的重音模式。另外也发现更早一些三个月大的婴儿对押头韵的音节更为关注，表现为他们本能地把音节分成更小的单位，选择性地注意音节节首的辅音。在更为抽象的层次上，研究人员发现婴儿听到语音后，能够对这些语音做一个数据统计，并利用这些数据将词从语流中提取出来。

第五节　模糊语言学

一、模糊语言学的定义

模糊语言学是一门新兴学科。进入 21 世纪后，语言学界对语言模糊性的探讨开始从各个不同层面逐步深入。由于语言模糊性的讨论涉及诸多相关学科的理论和假说，其理论的科学性和独到之处令人耳目一新。

人们对模糊现象的关注源远流长，最早可追溯至希腊哲学家梅加腊学派的代表人物之一布利德斯所提出的连锁推理悖论。但是，当时受亚里士多德提出的非此即彼的二值逻辑的影响，人们无法对这一现象加以合理解释。1965 年美国控制论专家扎德提出的模糊集合论为模糊现象的诠释提供了有力的理论依据，由此引发了学界对语言模糊现象的关注。

自 20 世纪 60 年代中期开始，众多国内外学者纷纷从语义学、词汇学、心理学以及认知科学的角度对语言的模糊性做了大量的研究，伍铁平、陈治安、张乔等出版了模糊语言学研究专著，从词汇学、修辞学等层面提出问题，进行阐释与探讨。

模糊是自然语言的本质特征，模糊存在于词汇、句法和语篇的各个层面。模糊是文学作品语言的一个特征，模糊语言的翻译是一个值得关注的现象。模糊语言学是中国语言学分支学科里起步较晚却发展较快的一门分支学科。目前国内外学者已经就模糊和模糊集合的概念以及模糊语言的三个基本特征达成共识，即不确定性、确定性和变异性。

二、模糊标签语研究概述

（一）国外研究概述

戴因斯从社会语言学的角度提出，由于这类标签语体现的话语具有模糊、含混的特点，这类标签语常常被打上中产阶级的烙印。由布拉泽主持的研究表明，在话语中，这类标签语对中产阶级来说并不是多余的，而是限定所说内容的重要标志成分。“把标签语当成会话中冗长成分”这一说法遭到了大部分学者的反对。以戴因斯的研究和布拉泽的语料库研究为基础，戴因斯发现这类标签语在话语中最重要的功能之一就是“提醒听话人标签语前的成分为某一类事物（行为）的典型例证”，即标签语是通过某些部分指代某一整体。正因如此，戴因斯将这类标签语命名为“标类指示标签语”。

此外，戴因斯还详细分析了在该类标签语中原形（pro-forms）的语义特征（如表 4-2 所示）及标签语不同词性词语的共现现象（如表 4-3 所示）。

表 4-2　模糊标签语中原形的语义特征

	Count			Mass
Singular	Personal	Non-personal		
	Everyone	Everything		Stuff
		Assertive something	Non-assertive anything	
Plural	People	Things		

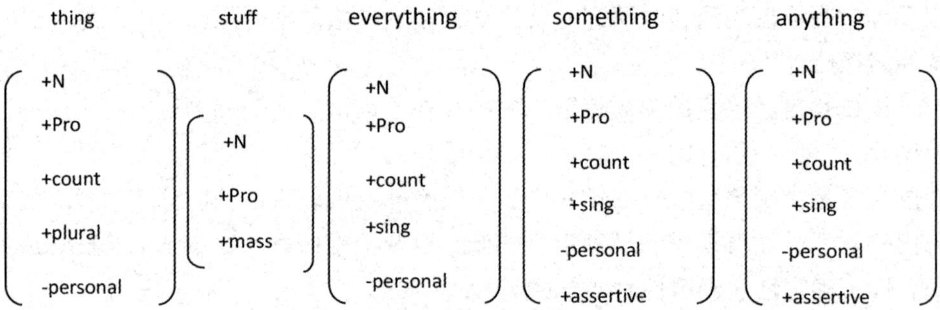

表 4-3　共现词性类别

Tags	Status of tied element
AND stuff like that	VP NP<-count>
AND stuff	NP [+count -sing]

续表

Tags	Status of tied element
AND things like that	NP [+count -sing] VP S S+P Narrative Anecdote
AND that	NP<±count> VP S
AND things	NP [+count -sing]
AND that sort of thing	NP<±count>
AND everything like that	VP S
AND all that	NP
（AND）something	VP

戴因斯及布拉泽的研究成为后继学者研究该问题不可或缺的基石。戴因斯从社会语言学角度，把模糊标签语当作判断社会阶层的特征之一。她所开展的实验及其结论为后来的学者提供了极大的启发。然而，由于当时各种条件的限制，其研究也存在诸多不足。首先，由于他们所做实验及采集数据的局限性，使得其研究对象有限。这样也必然影响其分析的代表性。其次，对该类表达的形式特点及功能的分析不够全面深入。如在形式分析上，戴因斯主要分析了 AND/OR [PRO-FORM]（LIKE THAT）这一模型的标签语。而后，从大型的语料库中，我们发现还有不少其他模型的模糊标签语。而在语用功能方面，戴因斯只强调了该类表达的分类功能，这显然是不够全面的。最后，在对该类表达的命名上，也表现出了很大的不足。比如戴因斯首先提出了“句末标签语（clause-terminal tags）”这一名称，后来又换成“类别指示标签语（set-marking tags）”。

（二）国内研究概况

从以上综述中可见，在国外模糊标签语早已经被广泛关注。语料库研究方法使得该领域的研究更是全面深入。然而在中国，该类表达却很少被涉及。据悉，国内最初关注该类词的人为崔薇。在其 2006 年上海交大硕士毕业论文中，她用了一章的内容讨论了该类表达。此研究中把该类表达称之为“模糊程式词串”，并重点研究了中国英语学习者对该类词的掌握情况。文中提到了此类标签语的一些语用功能，如挽救面子、省略、列举以及话轮转换等。依据从语料库中提取出来的数据，崔薇就某些常见的该类表达进行了频率比较。对比结果表明：中国英语学习者在该类表达的使用上明显少于英语本族语者。唯一的例外是 or something else 一词，该词在中国英语学习者话语中被过度使用。该研究对中国学生对该类词的语用功能掌握情况也有所分析，证明中国学生的语用能力有所欠缺。由于崔薇这一硕士论文的研究重点并不是这一类词，对这类词表达的研究远不够全面及深入。其研究范围仅限于带不限定性代词的程式词串，如 something like that 及 or something else 等。

张丽萍曾撰写多篇文章利用语料库研究方法对模糊标签语做了较为全面、深入的研究。其研究内容涵盖了该类表达的众多方面，如模糊标签语在英语本族语者语料库中出现的频率、其内部结构特点、标签语与前文所附着成分之间的关系特点、标签语在话语中具备的语义信息及语用功能等。另外，她还利用了语料库技术就中国英语学习者在模糊标签语的使用上与本族语者做了对比研究。研究的结果表明中国英语学习者对此类表达的掌握度不尽如人意。使用频率总量过低，使用的表达语缺乏多样性，个别表达语过多使用，在语用功能上表现出语用能力欠缺的特点等。

第六节　语料库语言学

一、语料库的定义

一般来说，某种特定的语言或语言变体可以用语料库来代表。语料库的样本分为两种：一种是书面语；另一种是口语。在没有计算机的年代，语料库在学术界的地位并不显赫，研究者拥有的语料库范围较窄、规模较小。计算机的诞生从根本上改变了这一现状。一提到语料库，人们最先想到的就是广泛用于语言研究的语言材料，这些语言材料在计算机年代大多以电子形式进行保存。

计算机技术的日益进步使语料库在规模、多样性和使用便捷度等方面也发生了相应的变化。现阶段，世界上存在国家级语料库等一些大规模的语料库。

为了使语料库所拥有的信息得到加工和存取，研究者研发了大量软件。在日益衰落的存储数据的硬磁盘市场的背景下，随着个人电脑的不断盛行，研究者也开始建立符合自身特色的小型语料库。在语言研究中，计算机语料库逐渐成为一种重要的资源。

二、语料库语言学

（一）语料库语言学的内涵

麦克内里和威尔逊认为，语料库语言学是一种语言研究，它的基础是现实生活中人们运用语言的实例。语料库语言学也是一个学科的名称，它包括两部分内容：一是加工、标注自然语料；二是在语言研究和应用开发时应用已经标注好的语料。语料库语言学是一种语言研究方法，它的基础是语料库，它研究的不是语言自身的某个侧面。人们认识语言的角度有多方面，人们可以认为语言是一种可以被自然习得的人类天赋，还可以认为语言是学过的所有词语或者文本的总和。依据标准语言学我们可以知道一个语法句子是否符合语法规范；而依据语料库语言学我们可以查出一些词语、句子或文本的含义。语料库语言学将语言的含义作为关注的主要内容，它将语言看作一种社会现象。

什么是含义？它与语言相同，是一种社会现象。一个词语的含义不可能用一个简单的公式就总结出来，其决定因素是话语社团的成员。

对同一个词的解释会因人而异，不同的人对同一个词的解释没有对错之分。在交流中，人们所分享的内容就是我们所说的含义。正因如此，语言本身是资料库语言学关注的主要内容。

语料库语言学研究语言的基础是话语，而话语的样本是语料库语言学研究的对象，这里所说的样本实际上是指语料库。有学者认为，人们获得语言知识可以通过语料库，可以在研究语言时将语料库中的材料作为素材使用。某种语言中自然出现的全套语言材料是语料库所要收集的内容。

乔姆斯基认为语言具有创造性，人脑具有理解和生成无数个句子的能力，语言是收集不完的，语料库只包含人们所说的有限话语，对于人们明天会说些什么，语料库也无能为力。语料库的科学性和可靠性也遭到了某些词典编纂者的质疑，他们认为语料库只是将一些话语进行了随意的收集。

随着科学技术的进步，社会上涌现了大量新的词汇，语料库不可能将人们所说的所有话语都囊括其中，但是，人们可以不断扩大语料库的规模，还可以通过网络这一虚拟语料库对语言进行大规模的研究。

语料库语言学应当将词汇的意义作为重要内容。语料库语言学提供了一个从不同的角度来审视语言的方法，语料库语言学必然会成为以后语言研究的大趋势，这是由其自身的优势决定的，如代表性、兼容性等。

（二）语料库语言学的研究内容

具体来说，以下几方面是语料库语言学研究的主要内容。

1. 语料库的建设与编纂

基于语料库展开了语料库语言学的研究，开展语料库语言学研究的基础是语料库的设计与编纂。语料库不是文本的简单堆积，而是带有一种语言或其子语言的文本。语料库的设计和编纂主要包括以下几部分：①语料的采集；②语料的录入；③语料的管理；④语料库的设计。应当在语料库建设的宗旨上进行语料库的设计，对样本的分布、采样的原则进行精心考虑，使语料库的代表性进一步提升。

2. 语料库的加工和管理技术

语料库的加工和管理技术主要是指一些软件工具，可以用这些软件工具分析语料、标注语料、维护语料、检索语料。现阶段，逐词索引成了最为普遍的检索技术。具有良好存取功能的语料库不仅为语料库的使用带来了便利，还可以帮助使用者将自己需要的信息快速地搜索出来。

随着技术的发展，计算机的功效越来越丰富，语料库也发生了翻天覆地的变化，包括规模、多样性、使用方便性等方面。目前，已经开发了大量的软件以方便加工和访问语料库中的信息。单凭规模这一因素是不能对研究资源的语料库的价值进行衡量的，应该通过标注给语料库带来“附加”的价值。这就需要更多的标注语料库，通过标注使语料库的语言信息含量得到明显的扩展，促进各种语言的研究。就词的切分（分词）来说，汉语语料库与印欧语言语料库的一些特殊的前处理存在着明显的差异，而就一些加工过程来说，汉语语料库与印欧语言的情形就非常相似了，这些加工过程包括词义标注、句法标注、话语—篇章标注等。

3. 语言研究中语料库的使用

语料库丰富了语言描述的数据资源。在现代语料具有包容性的背景下，涌现了大量开发语料的手段，构成了强大的力量，深化了我们对语言的认识。语言学家在基于语料库的语言研究中运用机储语料库对语言的词汇和语法进行描写。语言中可能出现什么以及其出现的概率成了研究的主要内容。

在语言研究中，语料库方法涉及了口语研究、语法研究、语用学、社会语言学等大量的研究层面及领域。在进行语义研究时可以运用从大规模语料中抽取信息的技术来丰富其上下文信息。

4. 语料库语言学在计算语言学中的应用

在语料库的进化过程中，基于语料库的语言描述是一项最具有创新性的活动。可以在自然语言处理、语音识别和机器翻译系统中直接应用语料库语言学的研究成果。20 世纪 90 年代后，在自然语言处理等领域中，基于大规模语料库的统计方法逐渐占据了主导地位。

总之，在研究语料库语言学时，有的学者重视对语料库的设计的研究，有的学者重视对文本的分析和对处理方法的研究，还有学者重视对基于语料库的语言描述及其应用的研究。

第七节 系统功能语言学

英国语言学家韩礼德研究了大量根本性问题，包括语言的性质、语言的共同特点、语言过程、语言学的应用等。他唾弃规定主义，主张描写主义，并且创立了系统功能语言学。系统语言学家研究的主要问题有两个：一是语言的社会功能；二是怎样使这些社会功能发挥作用。语言变体的产生受到社会情境和说话人的影响，不同的社会情境和说话人会产生不同的语言变体，系统语言学家要善于集中力量去发现和描写这些变体及其与社会功能之间的关系。

系统语言学与文体学之间的联系非常密切。在社会语言学和语言教学中，系统语言学的应用非常广泛。系统语言学对语言的研究是从社会的角度出发的，对于语言的心理基础并不看重；而转换生成语法对语言的研究是从心理学的角度出发的，忽视了语言与社会的紧密关系，这是两者的根本差别。

语言不是一种“知晓”方式，而是一种“做事”方式，这是系统语言学的基本观点。索绪尔对“语言”和“言语”进行区分以后，乔姆斯基对“语言能力”和“语言运用”也进行了区分；韩礼德对“语言行为潜势”和“实际语言行为”进行了区分。韩礼德认为语言是一个选择范围，它是以文化和社会的允许为前提的，换句话说，语言就是“在语言行为上所能够做的事情的范围”。“语言”和“言语”存在本质上的差异，“语言”指的是讲话人能够做的事，而“言语”指的是讲话人真正做的事。乔姆斯基和韩礼德的观点所存在的主要区别是：乔姆斯基所说的“语言能力”是指个人的特性，属于语言的心理学范畴；而韩礼德所说的“做事”，也就是语言和环境的关系，属于语言的社会范畴。

系统语言学认为语言学的目的之一不是发现语言的普遍现象，而是描写个别语言和个别变体，这也是系统语言学的重要内容。而转换生成语法将个别语言的调查作为一种手段，重视对语言普遍现象的发现。韩礼德认为，人们最容易掌握人类语言共同遵守的规则。对于这些规则的研究难以真正地促进人类的交际。实际上，语言差异体现的是文化差异，要想克服文化差异带来的交际障碍就必须深刻认识、熟练掌握这些文化差异。

第五章　宏观视角下的英语语言学

对于人类而言，语言是一项最重要的交际工具，是人进行思想表达的桥梁。从这个层面可以看出，语言的实质是通过应用达到一定的交际目的。在使用和研究语言的过程中，语言学成了一门学科，而宏观视角下的英语语言学也作为一门实用性学科，向人们述说着语言的奥秘。本章分为社会语言学、认知语言学、应用语言学以及文化语言学四部分。

第一节　社会语言学

一、社会与语言的关系

（一）第一阶段

20 世纪 30 年代以来，语言学家们一直将语言学作为一门独立的科学来进行研究。其中，语言学的一元性和自治性是语言学家们重点研究的两个部分。可以说，语言学家在当时主要研究的就是这两个部分。

受这一观点的影响，在当时很长的一段时间里，语言学家对于语言学研究过程中的结构分析，几乎都脱离了具体的社会背景和语言使用语境。

（二）第二阶段

到了这一阶段，随着社会语言学的产生，逐渐形成了对乔姆斯基理论语言学的反叛，提出了语言学研究的二次性观点，这使得人们开始逐渐重视对语言与社会关系的研究。时至今日，社会语言学经过几十年的发展之后已经日趋成熟。

人们既可以通过语言来了解丰富多彩的社会生活，也可以通过社会对语言的各个方面进行最真实的感受。随着社会语言学的出现，大量的专家学者开始着手研究语言与社会之间关系，并且在经过几十年的研究之后，也获得了相当可观的成果。

语言学研究的核心问题就是社会、语言以及说话人之间的内在联系。所以，通常要将某些语言现象置于社会的大语境之后，再对其进行解释。将社会因素、语言及语言的运用这三者有机结合，是社会语言学研究的主要方向，这也恰恰为语言学家的研究提供了一个全新的思路。通常而言，语言和社会之间的关系主要体现在以下两种形式中。

①语言主要有以下两种作用：第一，用于交际；第二，建立和维持社会关系。人们在日常生活中所用到的大部分话语，都是语言社会功用的集中体现。

②由于说话人的社会背景不同，所以从某种意义上来讲，即使是说同一种语言的人，通常也会有不同的说话方式。同时，一个人的性别、年龄、地位等社会信息也可以通过语言进行反映，由此可见，在日常交际的过程中，一个人的部分信息很有可能会泄露给听者。

社会的自然、物质以及人文环境的重要体现就是语言，尤其是语言中的词汇结构。以英语中的 rice 一词为例，它不仅可以指“稻子”，而且还可以指“大米”和“米饭”。但是到了汉语当中，“稻子”“大米”“米饭”这三者所表示的概念却是完全不同的，这也就能够更好地体现出中国农耕文化的鲜明特征。

从本质上来看，语言与其所处的社会结构之间有着十分密切的联系，它是诸多社会现象中的一种。此外，它对于一个语言形式的评价也是社会性的。所以，如果可以从语言的口音和形式上达到预定的交际功能，那么语言学家就会将其认定为好的语言。

人们往往会从社会性角度对语言的变体进行纯粹性、正确性等方面的判断。比如，在纽约，一般会认为带有 /r/ 音的口音更具影响力、更正确。但在英格兰看来，不发元音后 /r/ 的口音更正确。

研究者可以从以下两个角度来分析和研究语言和社会的关系。

①将社会看成一个整体，研究语言是如何在其中发挥功能以及如何反映社会差异的，也就是对社会所用语言进行的一个总观。这一角度的研究有时被称为“宏观社会语言学”或“语言社会学”。

②从社会中的个体角度来对社会进行观察，或对使用的语言进行的一个总观。这一视角的研究有时被称为“微观社会语言学”或“严格意义上的社会语言学”。

二、社会语言学的概念

“社会语言学”这一学科的名称是由“社会学”和“语言学”组合在一起所形成的一个复合词。经过长期的分析与研究，学者总结出了社会语言学的基本内容，主要归纳为以下两个方面。

①从语言的社会属性出发，通过社会学的方法来研究语言，从社会的角度对语言的变体和演变进行解释，被称为社会语言学（social linguistics）。

②从语言变体和演变的事实层面出发，对相关社会现象以及这些社会现象的发展和演变过程进行解释，被称为语言社会学（social of language）。

综上所述，我们可以清楚地了解到，从社会的角度来研究语言，就是社会语言学；从语言的角度来研究社会，统称为语言社会学。

从社会语言学的角度来看，我们可以对这一现象做出解释，即改革开放以后，粤方言和粤语区的文化在全国范围内的地位得到迅速提升，这就直接导致出现了一些新词逐渐向北方扩散的现象，而新词最容易为新一代所接受。

第二节　认知语言学

一、认知语言学的定义与性质

（一）认知语言学的定义

关于认知与语言两者之间的关系，学术界越来越倾向于将二者进行结合。随着研究的不断深入，逐渐出现了“第二代认知科学”的观点，对认知语言学的定义进行了界定，即作为一门解释性语言学科，可以通过认知语言学来解释任何一种存在的语言。

通过以上论述可以概括认知语言学的概念：首先，认知语言学是一种人类的认知活动。其次，认知语言学是一种以人为主体，对语言意义、形式、规律等方面进行研究的过程。再次，认知语言学是一种利用人类的经验和感知，通过概念化外部世界的方法，来对语言学加以研究的学科。最后，认知语言学强调在人类认知能力方面所具有的参与作用，对语言来说，语言可以通过认知来与客观世界进行沟通，并且语言只有经过认知这所“工厂”的加工，才能够实现直接反映客观的世界。

（二）认知语言学的性质

1. 以语义为中心

相关学者在对语言学研究的探索过程中，由于语义的研究并没有得到广泛的关注，导致语义研究成为整个语言研究系统的薄弱环节。在认知语言学中，语义是十分重要的，人类对事物的认知是语义产生的基础。概念结构体现在语义结构之上，而语义结构能够起到促进词法、句法结构的作用，通过一系列的反应来促进整个语言系统的发展。

2. 解释性语言学

作为社会语言学、语用学等学科的重要分支，解释性语言学就是指在语言使用过程中，会产生诸多的语言现象，如语境、心理等，针对这些现象进行的一种具有解释性特点的探讨，即通过分析和解释，使人们了解语言为何出现这种现象的原因。对解释性语言学来说，认知语言学是一种规定性语言学的升华，是语言学、认知科学发展到一定程度而产生的学科；影响认知语言学发展的因素主要存在于人类的认知世界，包括方法、规律等因素；若想描写得更加充分一些，就需要对语言现象进行详细的解释。

综上所述，认知语言学描写语言的现象与事实，并且关注语言理论；认知语言学对语言背后的认知规律进行解释和揭示的手法，通过有限的规则来对诸多语言现象进行解释；认知语言学在揭示语言的本质的同时，还加深了对语言的认识和理解。

3. 共性语言学

人类在面对同样的物质世界时，通常在认识上具有趋同性，即人的认知能力会让人自然而然地产生同样的概念结构。而正是因为认知具有共性，才能使世界各个区域使用不同语言的人之间可以进行相互交流。另外，语言所具有的共性特点，其概念与语言的形式无关，所谓语言的共性，即一种人的共同认知心理。学者们研究认知心理学，实际上就是针对人类语言中具有的某一种共性特点展开的，因此，在探索人类认知的同时，还要认真总结语言发展的普遍规律。

二、认知语言学的学科基础

（一）哲学基础

1. 哲学理论观点纷纭

（1）客观主义理论

著名认知语言学家莱柯夫和约翰逊，对西方哲学重新进行了分类，将经验论与唯理论两种哲学思潮中出现的主要观点称为“客观主义理论”，那么与之相对应的观点就称为“非客观主义理论”。莱柯夫和约翰逊认为，客观主义诞生于经验论、唯理论，在西方哲学的历史发展进程中，从苏格拉底时代到20世纪以来的2000多年，客观主义在诸多学科领域中始终占据着主导地位，如科学、法律、管理等，并且在其他许多学科的发展中也起着不容忽视的作用，可见，客观主义理论奠定了第一代认知科学发展的哲学基础。

（2）传统经验论

作为一种哲学观，传统经验论认为，我们出生时的心智是一块白板，这一观点就是“白板论”。传统经验论还认为，知识不是先天就有的，而是通过感官获得的，包括概念知识和推理知识在内的全部知识。经验论与唯理论是相对的，唯理论主张每一个个体所拥有的推理概念结构均是先天就有的。相关唯理论研究学者还对“experience”做了解释，“经验”这一概念是指人类不断通过与变化的环境的互动之中产生意义的体验性感知运动和认知结构的结果。

（3）新经验论

experientialism诞生于20世纪末，主要来自莱柯夫和约翰逊等学者对经验主义研究的新观点。这些新观点，若是也称为经验论，则会引起混淆，因此，将experientialism译为“新经验论”。“新经验论”等同于“体验哲学”。莱柯夫和约翰逊两位学者在1980年和1987年的著作中，曾出现过“体验哲学”这一词汇，但是在著作中并没有将其用作专业术语。莱柯夫和约翰逊于1999年出版了《体验哲学》，在该著作中将“体验哲学”作为专业术语，并正式提出“体验哲学”这一理论，以下是总结体验哲学理论的核心内容而得出的三项原则，即心智的体验性、认知的无意识性以及思维的隐喻性。

（4）体验哲学对客观主义的批判

体验哲学，这一理论严厉批判了客观主义，与英美分析哲学和乔姆斯基基于混合哲学的心智观针锋相对。体验哲学进一步发展了普特南提出的内部实在论，不仅挑战了西方的传统思想，而且还对哲学、认知科学、认知语言学的发展产生了不容忽视的影响。体验哲学使认知科学有了突破性的发展，成为第一代跨入第二代的分水岭，同时，也为认知语言学的发展奠定了哲学基础。这种分类也产生了两大类语言学，一种是客观主义语言学，是指包括以经验论和唯理论为基础的语言学理论；另一种是非客观主义语言学，主要包括认知语言学。

2. 西方认识论研究回顾

莱柯夫和约翰逊主张，我们能得到关于世界的绝对的、无条件的真理。这一主张为西方传统哲学的发展奠定了哲学基础，并且被广泛应用于经验论和唯理论之中，只在解释如何获得这种绝对真理的方法上存在区别。对经验论者来说，经验的重要性是不言而喻的，是人的一切知识或观念的唯一来源，即人类通过感觉能力也就是感知，来构建世界的全部知识。

唯理论者持有的观点，认为真实世界的知识是由人类先天就拥有的推理能力带来的。这一理解模式还与广受争议的笛卡尔范式存在联系。笛卡尔认为，绝对客观真理是存在的，而对于这种真理的追求需要建立在没有偏见、没有价值污染以及不受传统影响的基础之上。在认识独立于人的外在世界时，不应介入个人偏好或价值信仰，这就在主体和客体之间设立了无法跨过的障碍。

尽管康德综合了唯理论和经验论两种理论，但仍属于客观主义，并且在 20 世纪，这种客观主义还存在于逻辑实证主义等诸多理论之中。

3. 客观主义理论与非客观主义理论

（1）客观主义与非客观主义的特征对比

关于客观主义的主要观点和特征，将其内容主要概括为以下几点。

①在世界范畴方面，具有客观性与独立性。

②在人类思维方面，具有分离性和镜像性。

③在心智结构方面，具有非隐喻性和原子性。

④在概念结构方面，具有符号性与对应性。

⑤在意义系统方面，具有固定性和组合性。

尽管人们都面对着基本相同的客观世界，并且也都具有范畴化和概念化两方面的能力，但是出于不同的体验角度，概念化的方式也会随之改变，进而也使认知结果和概念系统有所不同。

（2）体验哲学的理论基础

“星期”这样的概念是不存在于客观世界之中的，这一概念完全是由人“造”出来的，可见语言符号意义的获得并不能只通过与世界上事体的对应就能实现，也说明人类的范畴不是客观存在于现实世界之中的，人类的范畴与认知主体的范畴化方式之间存在紧密的关系。范畴和概念是从人类与客观世界的互动中衍生而来的，而不是客观主义者所认为的范畴和概念是一种独立于认知主体的客观存在。据此，莱柯夫和约翰逊针对客观主义理论提出了反对的观点，这些截然相反的观点构成了体验哲学的理论基础，主要有以下几点。

①在世界范畴方面存在主客观性与依存性。

②在人类思维方面存在体验性和互动性。

③在心智结构方面存在隐喻性和完形性。

④在概念结构方面存在非符号性和建构性。

⑤在意义系统方面存在模糊性和整合性。

（3）哲学的三条原则

①心智的体验性。范畴、概念、推理和心智，这些概念不是外部现实客观存在的，不是镜像的反映，更不是先天就存在的，这些概念主要是依据人们对客观外界的感知和体验，在此之上通过认知而形成的。人们最基本形式的推理是离不开空间和身体的，其中空间包括地点、方向、运动等，身体则包括身体与环境的相对位置等，空间和身体为日常推理奠定了认知基础。

感知是意义产生的基础，生理构造是感知的基础，因此，认知结构和感知机制二者之间存在着紧密的联系。兰盖克强调了感知与概念之间存在的关系，认为二者具有对应的关系，并且这种平行对应关系的存在还是相当普遍的，即人类在感知世间万物以及在理解世间万物种种关系的过程中，是通过自身生理构造，用特殊的方法来实现感知的。所以，不管是范畴概念、思维、心智，还是推理、意义、语言等，均建立于身体经验基础之上，并且在语言和句法方面，基本是不可能自治的，这是完完全全的真理，是不容辩驳的。

②认知的无意识性。认知的无意识性认为，所有重要的思维均是无意识的，但没有给出具体的比例。这种无意识认知就像一只“看不见的手”，指挥着我们对经验进行概念化，我们通过大量使用隐喻不断扩展这种无意识推理。

传统的英美分析哲学认为，思维是有意识的。相关认知语言学家认为，通过先于经验的反思就能完全知晓认知，是办不到的。体验哲学坚持意义的体验观，不仅将意义置于身体和无意识的概念系统中，而且还挑战了分析哲学的基础。

③思维的隐喻性。莱柯夫和约翰逊提出隐喻的基本作用，是将推理类型从始源域映射到目的域，并且认为推理多是隐喻性的。隐喻不仅存在于我们的日常生活、语言中，而且还存在于思维以及哲学中。人在思考经验和推理的过程中，不用隐喻的状况是不可想象的。隐喻不仅具有美学价值，而且还是人类认知世

界的一种正常方式。

4. 客观主义语言学与非客观主义语言学

在罗宾斯看来，经验论和唯理论二者间的对立，始终以不同的形式贯穿于语言学的整个发展历史，还研究了两种对立的研究方法。首先，通过观察得到的语言用法，是指可以对成名作家或是一些得到社会认可的普通发话者进行观察，观察他们所使用的语言用法，这是一种从人类语言外部对语言进行的研究。其次，罗宾斯还认为，语言是人天生就拥有的能力，语言能够充分表现人的理性，是一种从人类语言内部对语言进行的研究。

当前认知语言学研究的主要趋势，是依据身体经验来研究人类的心智和认知，并且这些研究不仅具有经验论成分，而且还具有唯理论的成分。在认知语言学方面，相关学者在研究其哲学基础时，国内学者一直没有一个统一的说法，一部分学者强调认知语言学的经验观，一部分学者则比较侧重认知语言学的唯理论。因为从宏观角度也可将以乔姆斯基为首的转换生成语法包括在认知语言学之中，所以还有一部分学者既强调经验观，又强调唯理论，主张将二者结合起来进行研究，很多哲学家都曾有过类似的尝试。

（二）心理学基础

1. 内省法

19 世纪末，这一时期心理学主要研究的内容是意识，近代心理学创始人冯特，是内省法的代表人物，他认为与思维、记忆相关的语言知识结构模型和内省有关，冯特是开创心理学实验室的第一人，主张心理学研究应采用实验内省法，或通过人的直接经验来对心理内容做元素分析。

2. 行为主义

20 世纪初，开始采用客观主义的方法研究心理学，对当人和动物面对刺激时，可能会做出的可观察到的反应，或是可观察到的行为进行研究，经过不断讨论，提出了“刺激—反应”模式。这一理论认为，意义诞生于语言活动所引发的行为，但对于刺激—反应之间的过程却是很少谈及的。相关行为主义研究者在解释“行为主义”这一词汇时，一般将其视为一种“刺激—反应”的过程。

德国还出现了心理学分支学科，即格式塔心理学，还可以将其称为完形心理学。格式塔心理学主张重视研究意识和知觉，一方面，对冯特的元素分析研究方法持有反对态度；另一方面，对行为主义反对研究意识的方法，持有不赞同态度。格式塔心理学主张，人的感官在知觉的过程中，所知觉到的事体是综合统一体，其具有整体结构的特性，也就是完形结构。可见，知觉到的事体并不是个别的、孤立的成分，不能进行元素分析，而应加强意识的整体性和综合性，整体的构成并不是一种简单的组成部分相加，有一句名言能够充分体现意识的整体性，即整体大于部分之和。

3. 认知心理学

20 世纪 50、60 年代，随着心理语言学和认知科学二者研究的不断深入，认知心理学不断发展壮大，从而爆发了一场“认知革命”，这场革命意在摆脱行为主义理论，并且具有深远的影响。认知革命主要从三路学科出发进行研究，分别是计算机科学、心理学以及语言学，这三路大军确定了心理学的主流方向，即以信息加工为基础的认知心理学。这三路学科均建立在客观主义哲学的基础之上，不管是方法论，还是认识论，均将认知主体的心智活动视为计算机程序的机能对等物。

在认知心理学领域，人类的心智就是一个信息加工的过程。认知心理学对人类内在的认知过程进行研究，倡导采用信息加工的方法；对于人类心智的一般工作原理进行探索，在倡导使用计算机模拟方法的同时，还倡导采用其他的实验方法。在认知心理学领域，还存在一个假设，那就是可以将人视为一个信息加工系统，这一系统既可以用于人与环境之间的信息交流，还可以用于人与其他认知主体之间的信息交流。人的动机经过转变、改造和处理之后，就成了人的意识，认知主体在获取信息之后，还对信息进行加工，如转换、简约、合成等。

（三）语言学基础

1. 生成语义学

在语言学研究初期，转换生成语言学派忽视了语义研究，但在之后的研究进程中逐渐转变了对语义的看法。在转换生成语言学派的语义标准理论中，包括句法学、音位学以及语义学三大分支。随着转换生成语言学派对语义的研究，他们认为语义表达式是后于句法表达式的，在句法表达式之中，只有深层结构与语义表达式存在着直接的联系，而且语义学的主要任务就是为深层结构做出解释。

20 世纪 60 年代，莱考夫、格鲁伯等学者批判了乔氏的转换生成理论，讨论了语法中的语义部分所起到的作用，提出了生成派语义学，认为语义所起的作用是生成性的，并不是解释派语义学所认为的语义的作用是解释性的。

在批判乔氏的转换生成理论过程中，通过研究语言中的句法，发现其不是自主的，会受到诸多因素的影响，可见，句法不仅不能与语义相脱离，而且语义也不能与人的认知相脱离。

（1）ever 只能用于否定句中

ever 的意义决定其不能用于肯定句中，并且也不受句法的影响。在英语中通过一些句法上的否定形式可以实现肯定意义的表述。ever 的使用是由意义因素所决定的，而不是句法因素。

（2）在定语从句中

在先行词是“人”的情况下，后面的关系代词要用 who 进行引导；若是先行词是“物”的情况下，后面的关系代词要用 which 进行引导，但有时有会发生两者都可用的情况。

（3）间接言语

人们在使用交际用语时存在大量的间接言语行为，可见，“句法自治”这一命题是不成立的。语用因素参与了人们对句义的理解，它不仅是通过句法获得的这类例证，语义、语用、语境等因素对句法的选用和理解都是不可或缺的，而且都应成为句法的一部分。句法不是自治的，不是独立于意义的。莱考夫等学者依据对间接用语的研究，提出了在转换生成的理论框架中运作的生成派语义学，研究的主要方向还是人们的语言能力。他们认为语义学的根本分歧，是语义与句法二者谁前谁后的问题。经过研究相关学者发现，在生成派语义学中，还存在一些难以解释的问题，并将其概括为以下几点。

第一，深层结构不明。是指不是所有句子都拥有与之相对应的深层结构。

第二，有些句子不能任意转换。产生这一现象的原因在于受到场景和体验的影响。

第三，生成派语义学。该学派还处于对语言能力框架的研究之中，还不具备解释语言的具体应用的能力。

莱考夫通过研究生成派语义学，提出了“意义不属于句法”等观点。从某种角度来讲，这些观点的提出既为认知语义学做了理论准备，还为认知语言学做了理论准备，这样一来他们就开始走向认知语言学的道路，生成派语义学也成为认知语言学的重要基础。美国生成派语义学家是认知语言学的奠基人，他们摆脱了乔姆斯基的句法形式研究，将心智研究和意义功能研究相结合，从另一个角度来深入探讨人类语言的奥秘。

2. 认知语用学

在认知语言学的形成和发展进程中，认知语用学也为其做出了一定的贡献。认知语用学不仅研究了语用与认知之间的关系，而且还研究了人类交际和思维活动的关系，这两方面的研究都是在认知科学的理论框架中进行的，认知语用学的形成也是建立在反复认识和批判过去若干语用理论的基础之上的。

语用学区分了句子意义和话语意义，将人的因素与语境、语义三方面相结合进行研究，是语用学的主要贡献。1937 年，莫里斯通过对符号学的研究，提出了 pragmatics，即语用学，从这一术语的构成上可以看出，其与实用主义哲学思潮之间存在紧密联系。1938 年，在《符号理论的基础》一书中，莫里斯提出了符号具有三种不同的意义，即存在意义、形式意义和实用意义，并基于此区分了语义学、句法学和语用学。

20 世纪 40 年代，卡尔纳普依据莫里斯的观点，区分了语言符号，并对语用学做了明确表述，即研究语言符号和符号解释者之间的关系。

20 世纪 50 年代，师承卡尔纳普的巴尔 - 希勒尔，开始研究指引词语，他认为哲学家们对于世界的认识可以通过考察和分析日常语言来实现，主张探讨日常语言的用法。巴尔 - 希勒尔经过研究发现，在语言中存在一种类型的句子，不论真假，在使用这一类句子时，并不是在表述，而是在做事，据此，他逐渐开始了“言语行为理论”的构思。巴尔 - 希勒尔认为，人们的各种行为完全可以通过语言来实现，可以通过施为生效条件来分析话语以言行事的意义。

后来，奥斯丁发现语句是否含有动词，都有言之所为和言后之果，根据这一观点奥斯丁提出了“言语行为三分说”，即将语言行为划分为三种行为，分别是以言述事行为、以言行事行为、以言成事行为。但是，在言语行为的三分说中，奥斯丁在划分语言行为时，没能划定一个统一的标准，难以列全所有的言行行为。

塞尔对奥斯丁的理论进行了进一步的研究与发展，他认为语言行为是语言交际的最小单位，语言交际过程的构成是由连续不断的语言行为组成的。塞尔还系统地研究了言语行为模式，确定了分类标准，并将言语行为分为讲述性或断定性、指令性、承诺性、表情性、宣告性五类。他还结合了格赖斯和奥斯丁的理论，即将含义理论与言语行为理论相结合，在此基础之上提出了“间接言语行为说”，用于补充合作原则的不足之处。

格赖斯将语义进行了划分，分别是自然意义和非自然意义两大类，他认为语用学主要是对语用的含义进行研究。1975 年，格赖斯进一步提出可以通过合作原则和会话隐义来进行对于非自然意义的分析和理解，他认为以话语是否遵守合作原则来进行一般会话含义和特殊会话含义的划分，可以说这一理论是格赖斯的语用理论的核心，还意味着“含义论”的诞生，他的理论在很大程度上影响了哲学界和语言学界。

第三节　应用语言学

一、应用语言学的定义

20 世纪 40 年代，“应用语言学”这一门学科开始建立。应用语言学是一门新兴的、独立的、跨学科的学科。它主要是对第一语言进行研究，但它更注重与其他学科的结合，并将语言学研究的结果应用于其他领域，以更好地分析和解决问题。从历史的角度来看，应用语言学最初是语言学理论和观点在语言教学中的应用。要想对应用语言学有一个更好的理解，那么就必须先理解语言和语言学的本质、语言学习和语言教学。一般可以将应用语言学的定义划分成狭义和广义两个层面。从狭义层面上讲，应用语言学一般指的是语言教学，尤其是第二语言教学或外语教学。从广义层面上讲，应用语言学意味着人们在其他学科对语言知识进行应用，以更好地解决其他学科中与语言相关的特定问题。

二、狭义的应用语言学

（一）第一语言的习得

1. 什么是第一语言

第一语言（first language）是指一个人出生后最先接触并获得的语言。例如，一个儿童出生后首先接触并获得了汉语，那么汉语就是他的第一语言。同样，一个儿童出生后先接触并获得的是英语，那么英语就是他的第一语言。

2. 第一语言教学

（1）第一语言教学的定义

第一语言教学（first language teaching）一般是本族语教学或母语教学，它主要是指儿童习得第一语言之后继续学习第一语言而进行的正规的学校课堂教学活动。汉族儿童出生之后首先习得汉语，那么汉语就是他习得的第一语言，入学后继续学习汉语，在学校里所进行的一系列汉语的学习行为，属于第一语言教学，大多是在小学阶段。

儿童入学后就进入第一语言的学习。在学习过程中，有教师指导和教材辅助，通过不断的、有效的教学活动，不仅能够使学生掌握本族语言知识，而且也能了解通过语言所传达的本民族的传统文化和生活习俗。

（2）第一语言教学的特点

第一语言教学的特点是学习者都具备一定的语言基础，基本具备运用该语言进行交际的能力；学习时间充裕，练习机会多；师生之间的交流不存在语言障碍；教学更注重语言的形式；主要靠习得掌握文化，语文教学发挥的作用巨大，学生通过学习语言，既能掌握语言知识，提高语言运用能力，又能学习文化，从中接受良好的道德教育。

（二）第二语言的习得

第二语言习得（second language acquisition）指母语习得之后的其他语言学习。作为应用语言学的一个重要分支，研究第二语言习得是人类学习第二语言的必要过程，其最主要的目的是培养学习者的语言能力和交流能力，并对其做出科学合理的描述与解释，详细描写其特点和发展以及在学习第二语言时所具备的相同点和不同点，并且探索影响第二语言习得的内部因素和外部因素。

第二语言习得所指的范围可以包括第二语言和外语课堂、自然环境中的学习，或者第二语言、第三语言、第四语言的学习。人们在获得第一语言以后，一般是在学校教师的指导下，按一定的教学计划进行其他语言的正规学习。

（三）外语教学

1. 外语教学的历史

外语教学的历史可追溯至古罗马时期的希腊语教学与中世纪欧洲各国的拉丁语教学，当时以讲授语法和修辞训练为主。文艺复兴时期，以夸美纽斯为代表的人文主义教育家既强调学习希腊语、拉丁语，为复兴古代文化做准备，也主张在学校开设现代语言课程，以更好地适应民族交往的需要。

此后，西欧把外语教学区分为古典语言与现代语言教学，前者指古希腊语与拉丁语，后者指西欧一些主要的民族语言，如英语、德语等。17、18 世纪西欧的外语教学主要是古典语言；19 世纪后现代语言教学逐渐取而代之。20 世纪以来，尤其是第二次世界大战以后，教学范围逐渐向东欧、北欧、亚洲、非洲的主要民族语言扩大。

中国于明代开始进行外语教学，当时明政府与周边国家进行贸易往来，需要大量的翻译人员。为了培养翻译人才，1407 年政府专门设置了四夷馆，专修印度、缅甸等国语言。四夷馆是我国历史上最早为培养翻译人才而官方设立的专门机构，主要负责翻译朝贡国家往来文书，并教习周边国家的语言文字。1757 年，清政府在北京设俄罗斯文馆。1862 年，教授俄文，改建为京师同文馆，先设英文馆，后陆续增设法文馆、俄文馆、德文馆、日文馆。该馆为培养翻译人员的“洋务学堂”，招生对象开始为 14 岁以下的八旗子弟。1862 年 6 月仅 10 人入学，以后扩大招收年龄较大的八旗子弟和汉族学生，以及 30 岁以下的秀才、举人、进士，入学学生逐年增多。学习期限初定 3 年毕业，1876 以后改为 5 年毕业。除汉文外其他课程多由外国人担任教习。1903 年后，中学开始开设外语课。中国外语教学主要教授现代语言，语种的选择常受社会需要和教育制度的模式所影响。清末中学课程抄袭德、日，外语科目先以日语或英语为主，后又以德语或英语为主。辛亥革命后，课程设置效法英、美，以英语为主。新中国成立后，先以俄语为主，后又转为以英语为主。1960 年，北京外国语学院英语系招收 150 名新生，还从留苏预备部转入 160 名学生。

1880 年以前，欧洲以拉丁语的教学为主，采用翻译法。1880 年，外语教学改革运动兴起。英国的斯维特、德国的维叶托、丹麦的叶斯泊森、法国的戈安都认为传统的古典语言教学法难以适应现代语言教学的需要，要求改革，于是出现了直接教学法。

一战以后，国际交往日趋频繁，促进了现代语言的教学，使用直接教学法教授外语的伯利兹学校在欧美各国随处可见。

二战期间和后期，政治、经济、军事、文化以及旅游业的迅猛发展，促进了外语教学在理论和实践方面的研究。美国政府曾在战时开办军队外语训练班，采用以“刺激—反应”理论为基础的教学手段，开辟了外语教学的新途径。1941 年，美国创建国防语言学院，学生每天在课堂上学习 6 小时，课外做 2 ~ 4 小时的作业，课程的时间由语言的难度决定，一般为 25 ~ 36 周。

2. 外语教学概述

教师的语言水平和教学水平在很大程度上决定了外语教学的效果。在外语教学中，教师应该以学生为中心，努力成为外语学习的促进者、学习进度的控制者、学习效果的观察者等。

在外语教学中，制定教学大纲和编写教材是一个非常重要的环节。外语教学大纲包括传统大纲、结构大纲、功能意念大纲等。此外，英语专业教学大纲应包括结构、功能、社会文化和实际应用四个方面。课程设置应该包括语言技能（阅读、听力、口语、写作、翻译）、语言知识（语言学、语法学、词汇学、文体学、修辞学等）、文化知识（英美概况、英美文学、西方文化、科技知识等）和相关知识（国际关系、新闻、媒体、外贸、旅游教学法等）。

教学是教师引起、维持、促进学生学习的所有行为方式。外语教学是一门科学，首先要解决教什么和怎么教的问题。教学论主要包括教学要素、教学规律、教学内容、教学原则、教学组织与管理、教学评价等。

在语言教学的过程中，教师应从宏观层面把握主要信息，然后深入语言表达的微观形式，重点解决如何理解话语意义的问题，从语词、语句、语篇三个层面挖掘语用的含义，把语言教学的重点放在语言的运用上，注重学生良好交际能力的培养。

每种语言都有一套属于自己的语音、词汇、语法体系。所以，学生有必要掌握这些方面的知识。但掌握这些知识是远远不够的，重要的是培养学生外语应用的听、说、读、写能力，从而能够在日常的生活和工作中利用外语实现良好的沟通。

同时，教师应该尤其注意创造语言实践的机会，使学生能够有机会多听、多说、多读、多写；要及时纠正那些注重语法、词汇，忽视技能训练的倾向。实际上，知识和技能二者是相辅相成的，只要掌握语音、语法、词汇的知识，才能提高听、说、读、写的技能。相反，语言实践也可以加深和巩固我们所学的知识。对语言的熟练掌握需要经过千百次的反复应用，不能急于求成。要学好外语，需要用心、耐心、细心、决心、信心、恒心。

专用外语教学指具有特定使用目标的外语教学。专用外语的教学方式灵活多样，可以在职训练，也可以职前或职后训练；可以先学一般外语，然后学专用外语，也可以结合专业学习外语。专用外语应有明确、具体的教学要求，设计课程时要先调查和分析学习者的外语需求，然后再编写相应的教学大纲和教材。

外语学习环境是指有利于提高外语学习质量的外在因素。相对于重点以学习语法与结构的语言环境来说，人际交流所需要的自然语言环境更能帮助学生进行英语学习。学生在人际交流的过程中所处的也是一种外语学习环境。有的是不需要回应的单方面的交际，比如只是听或者读；还有的是需要做出反应的，比如在听或者读时，用表情、姿势或者母语做出反应。

语言项目的使用频率也是一种外语学习环境。重复率高的单词和句型会使学习者产生深刻的印象。对于专用外语的教学，专业词汇的教学并非主要的方面。据因曼用随机抽样法统计11万余词的科技读物显示，专业词汇只占20%左右；在其余的80%的词汇里，10%为功能词，70%为非专业和准专业词汇。因此，专用外语教学应该注意专用外语的语体分析。例如，英语科技文章中常使用公式、原理、符号、数字、缩略语等手段来表示数量关系，许多词有希腊语、拉丁语的词根和前后缀，常用表示逻辑语法关系的连接语、较长的名词性词组和被动语态等。

3. 外语教学流派

从中世纪开始，欧洲人教授希腊语、拉丁语等语言的目的是进行书面翻译和阅读，采用语法翻译法。到了18世纪，尽管欧洲的学校开设了现代外语课程，然而却仍使用语法翻译法，当时，语言学主要还是研究书面语。德国语言学家奥朗多弗等总结了过去运用语法翻译法的实践经验，从理论上解释了语法翻译法，使其成为一种真正意义上的、科学的外语教学法体系。语法翻译法服务于学生阅读能力的培养，首先分析语法，其次将外语译成本族语，主张机械对比两种语言和逐词逐句直译。在教学实践中，翻译不仅是一种教学目的，而且也是一种教学手段。语法翻译法注重培养阅读和翻译能力以及传授语法知识，然而却常常忽视培养人们的语言技能，使语音、词汇、语法与课文阅读教学相脱节。

19世纪末，英语教师意识到语法翻译法存在许多问题，所以英语教学改革运动拉开了帷幕。1887年，国际语音协会（The International Phonetic Association）公布的英语教学原则可以说是英语教学改革的宣言书。

直接教学法是西欧外语教学改革运动的产物。法耶托是最早提出直接教学法的德国外语教育家。19世纪，语音学的建立和发展，为直接教学法提供了科学依据。

直接教学法主张以口语材料为教学内容，主张用教儿童学习本族语言的方法来学习外语。教学过程是听、模仿、反复练习的过程，直到形成一个语言习惯。在教学中只运用外语，结合手势、动作等直观手段，外语与思想是直接相关的，没有使用母语，那么语法就不是很重要。1898年，在维也纳召开了国际现代语言教师大会，会上广泛认同直接教学法。此时，德国学者伯利兹在美国创办了伯利兹语言学校，运用直接教学法，从而获得了成功，并在世界各地得到了广泛推广。直接教学法在培养口语能力方面取得了显著的成绩，成为现代改革派的起点。

应用语言学把各语言学科的研究成果应用于外语教学之中，不但在教学法和教学大纲上提出了新的主张，而且着重研究外语学习模式，提出各种学习模式的假设。塞林克尔为外语学习者在学习中使用的是一种过渡语言，它既不是学习者本族语的翻译，也不是本族人所说的语言。过渡语言有其自身的规律，是一个从不完善到逐步完善的过程。舒曼从社会心理学的角度提出了“文化移入”模式，认为在外语学习过程中首要的是社会因素与个人感情因素。社会群体和个人对所教语言的态度、各民族间的文化和生活方式的差异等都会影响外语教学。因此，文化移入程度的高低决定了外语学习的成败。

三、广义的应用语言学

广义的应用语言学关注如何通过应用语言学的理论、方法、成果来阐释其他应用领域所遇到的关于语言的问题。这种观点认为应用语言学应该具有开放的范围，包括语言应用的各个方面。

在卡普兰看来，应用语言学要解决多种多样的语言问题，这些问题唯一的共同点就是它们都与语言有关，这就需要采用各种各样的方法来解决这些不同的问题。

冯志伟强调，应用语言学是研究语言在各个领域中实际应用的学科，是语言学的一个分支，并提出了应用语言学研究的三大支柱，即语言教学、语言归化和语言信息处理。

第四节　文化语言学

一、文化的概念与功能

（一）文化的概念

从广义上讲，文化是人类在历史进程中所创造的物质财富和精神财富的总和。从狭义上讲，文化特指精神财富，是一定时期社会政治和经济的反映，是社会意识形态和与之相适应的制度和组织机构。从不同的角度看待文化，文化的概念具有不同的内涵。相对于一定的社会经济和政治而言，文化着眼于一定的政治和经济基础，是反映政治和经济状况的精神性系统。就文化性质而言，一定社会文化的性质是由其社会政治和经济性质决定的，不同的经济和政治制度下有不同的文化性质。

（二）文化的功能

1. 人生于世的基本需求

文化已经成了人类的基本生活需求，已经渗透到了生活的各个角落。在马利诺夫斯基看来，文化到现在已经成为满足人们三种需求的主要手段，即基本需求、派生需求和综合需求。虽然文化差异会在一定程度上影响这些需求的满足方式，但是归根到底人们借助文化是想要健康地存活下去。

2. 认识世界的锐利武器

文化能够帮助我们正确地认识世界，以及解决与文化相关的问题。文化的存在有其必然性，因为它使人们更加清楚地认知和了解自身所处的环境。只有认识了周围的环境，人们才能以恰当的方式与他人、社会和自然交往，从而才能顺利地生存下去。

二、文化的本质与特点

（一）文化的本质

"人化"是"文化"最根本、最深刻的含义。一切"文化"的含义都是从这个根本含义发展、引申而来的。"人化"也就是"非兽化"，指兽或猿的心理、行为方式的"非兽"的或"异己"的变化或变化状态（猿的生理方面的"非猿化""异己化"通常称作"进化"）。比如，猿在当初第一个典型的"人化"表现或状态，就是遮体的"一块兽皮"。这就是从兽"化"出来的，又是任何兽类都不曾具有的"状态"，即"人化""文化"（最早的"人化"状态应是"打制石器"）。

最初的"人化"状态、表征，还有烤食、饲养（多余猎物）和穿（御寒）皮衣等。再"人化"一些的是称呼的出现、烧陶（受灰烬余物启发）、煮食、种植等行为的产生，再后来便是分工、血亲、禁忌、组织、岩画、葬祭、战争等。"人化"到这时，再称作"人化"就不合适了，也就是不够"人化"了。此后还是将此种"非兽化"更文雅地称为"文化"，此称呼使人更容易忘掉"兽类出身"这本身就是一种"高级人化"现象。这应该就是"文化"的本质。当然，所有"人化"成果的基础是人类在生产方面的"人化"。"文化"是对人们不同生存状态、人化状态的较全面、深刻和简明的概括。它不同于以往所说的生活方式、意识形态和价值观等，但又将这些有机要素包含在其中了。这是"文化"最本质的含义。

（二）文化的特点

1. 传承性

人类文化具有历史连续性，是社会继承的结果，超越个人而存在。在文化传承的过程中，人们总是批判、选择性地传承，并不断创新和发展，从而形成了一种固定的文化传统。文化传承与创新的统一是文化延续的保证，传承是文化延续的源泉，创新是文化发展的动力，文化体现了创造的意志力，这不同于本能的生物继承或先天行为方式。

2. 时代性

在人类发展的历史进程中，每一个时代都有自己典型的文化类型。例如，以生产力和科技水平为划分标志的石器时代的文化、青铜器时代的文化、铁器时代的文化、蒸汽机时代的文化、电力时代的文化、信息时代的文化。时代的更迭必然推动文化类型的变异，新的类型取代旧的类型，但这并不能否定文化的继承性，也并不意味着作为完整体系的文化发展的断裂。相反，人类演进的每一个新时代，都必须继承前人优秀的文化成果，并将其纳入自己的社会体系，同时又创造出新的文化类型，作为这一时代的标志性特征。

3. 人文性

文化也是一种人性化，它必须包含人类活动的痕迹，是一个与“自然”相关的概念。纯粹的自然物体和自然现象不属于文化，经过加工和改造的物质或精神产品包含人类智慧的结晶，所以它们属于文化。

面对太阳、月亮和星星的运行以及雷电的变化时，人们一方面感到恐惧和困惑，另一方面又被激起了控制它们的欲望。所以人们有了关于太阳、月亮、星星以及雷电的神话，并形成了文化。山、河、花、树等不属于文化范畴，但是凭借人类高超的技能，人们可以在高山上雕刻人物和绘画，建造寺庙，构成各种神话和故事，从而成为文化。

属于某一族裔群体的人，从婴儿开始学习该族裔群体的文化行为守则、交流方式和思维方式，直到所有文化被内化为他们自己的习惯。所谓潜意识的学习，是指在日常生活中无意识地学习的方式。所谓有意识的学习，是指在父母、教师的指导下，有意识、主动地学习文化的方式。这两种学习必须经历互动、观察和模仿的过程。

4. 综合统一性

尽管人们对文化的概念有不同的看法，但基本认同文化划分为物质、制度和精神文化的基本观点。任何一个文化系统中的子文化，都有它自身的一个完备的文化体系，都是一个综合统一体。尽管文化的要素和成分是多种多样的，但它们不是简单的、孤立的要素和成分，不是杂乱无章地拼凑，相反，各要素和成分之间是相互整合而统一的。这种统一性常常通过共同的价值体系和行为模式加以表现。

5. 政治经济性

政治、经济和文化是一个国家最基本的存在形态。一定的政治、经济决定一定的文化，文化又反作用于一定的政治、经济。人是文化的主体。在阶级社会中，人是分为不同阶级的。不同阶级（包括阶层）的人对文化有着不同的需求。不同时代的物质生产水平形成了各种经济关系，并影响着文化的生存和发展。同时，文化生存的优劣，对政治文明和经济发展具有很强的促进或促退作用，古今中外，概莫能外。开明的政治与文明的文化、发达的经济与先进的文化；专制的政治与专制的文化、落后的经济与落后的文化，都是相互依存和相互影响的。但是，文化的发展与经济的发展并不总是同步的。

6. 辩证统一性

每个民族的文化都有着不同于其他民族文化的特点，这就是文化的民族性。任何形态的民族文化，都是适应本民族不同阶级阶层、职业、信仰和不同文化心理的人以及不同的社会环境和生产条件而形成和发展的。这一民族所共同具有的文化历史渊源，承载着大体一致的文化积淀，从而形成本民族的文化特质并促进其发展，这体现了某一民族文化的包容性。一个多民族国家的文化，如中华传统文化，包容了 56 个民族文化的特征，并由一种带有共同倾向的心理素质和文化特征，把各民族凝聚成一个整体。中华传统文化是一种具有独特的中华民族性格和传统的文化形态。自然，在这个多民族的文化整体中，各个民族仍保持着那些具有自身传统和特色的文化因素，如本民族的语言文字、风俗习惯和宗教信仰等。所以说，文化的民族性是一种多元的文化形态。

文化是民族的，也是世界的，是民族性和世界性的辩证统一体，这是文化包容性最为突出的标志。在当今世界上，任何一种成熟的文化，都是属于全人类的，纯粹独立的民族文化是不存在的。文化通过各种传播媒介在世界各国之间相互传播，发生交流与冲突、选择与融合，并推动各民族文化的发展或迁移。即使在交通落后、信息闭塞的古代，世界各个民族之间的文化交流，也始终通过各种渠道（如战争、经商人员往来等）进行。

三、文化和语言的关系

（一）语言是文化的风向标

语言在一定程度上引导着文化。因为语言可以引导人们去了解某种文化认识外部世界的方式，而且不同的文化由于面对不同的客观现实也会创造不同的语言。人类的语言并不是一一对应着他们的文化身份，但语言却能够敏锐地反映人与社会之间的关系。在理解彼此、理解文化方面，语言起着不可忽视和不可替代的作用。要想了解一种语言，就必须理解语言背后所隐藏的文化。语言差异引起人们感知外部世界的方式以及结果的差异。因此，学习语言与了解文化二者之间是相辅相成的关系。

（二）文化是语言的孵化器

语言在一定程度上影响着思维，所以语言也必然会影响文化，文化也在很大程度上影响着语言。语言与文化充分体现了民族的心理过程、推理过程以及思考问题的过程。

社会是不断发展变化的，相比于过去的十年、五十年甚至几百年，今天的世界是一个全新的世界。与此相对应，语言也发生了翻天覆地的变化。这种变化不仅表现在表达方式方面，而且也表现在各个领域所产生的海量新词汇中。由此可见，丰富多彩的文化势必会孵化出丰富多彩的语言。

（三）语言与文化分工不同

语言对文化有很大的影响。思维是建立在文化的基础之上的，而思维又是以语言为唯一载体的，因此，语言不仅能够体现文化，而且还能在很大程度上影响着文化。在思维的前提下，人类才会培养自己的世界观、人生观和价值观等一系列文化要素。另外，语言也在一定程度上影响着人类思维的质量，从而也会影响文化的发展。在不同的历史时期，语言质量表现出了不同的状态；即使在同一历史时期的不同群体之间，也会产生不同的语言质量。

四、文化语言学的内涵

文化的概念非常广泛，是一种社会现象，是人们长期创造形成的产物，是社会历史、地理、风土人情、传统习俗、生活方式、文学艺术、行为规范、思维方式、价值观念等人类进行交流的普遍认可的一种能够传承的意识形态。

文化以象征为基础，语言和文字是文化最重要的表现方式。此外，文化还具有图像表达、肢体表达和行为表达等表达方式。文化体系借助于象征体系深深地根植于人类的思维之中，人类也通过象征符号系统地解释事物。因此，如何解读各种象征在该文化中的实质意义便成为人类学和语言学等社会学科诠释人类心智的重要方式之一。

语言现象包含文化，文化现象包含语言，二者之间是相互包含的关系。因此，文化语言学应关注文化和语言之间的关系，研究古代语言和古代文化之间的关系、现代语言和现代文化之间的关系、语言和文化在不同历史背景下的关系。

语言是文化的重要组成部分，文化在一定程度上依赖着语言，文化的传承需要借助语言。语言是文化交流、思想交流的工具，必定会影响经济、政治和文化本身的发展。语言作为一种文化现象，处于不断的发展和变化之中，当今的语言状况是语言在过去不断发展的成果。在一种语言环境中掌握某种语言后，虽然也可以学会另一种或几种其他的语言或方言，可是原语言或方言的口音很难完全改变，总会留下一些原来所操语言的口音。

文化语言学也是语言学的一个分支。在文化语言学发展为一门独立学科时，语言学就早已开始研究语言和文化之间的关系。20 世纪后期，文化语言学发展成为一门独立的学科。

文化语言学的研究对象是语言和文化之间的关系。它的研究没有局限于语言形式，也通过语言研究文化的发展历史和发展方向。文化语言学的内容包括语言与人性、语言与艺术等方面的关系。

五、文化语言学与其他学科的关系

（一）与社会语言学的关系

文化语言学和社会语言学的区别主要体现在以下几方面。

①研究内容不同。文化语言学主要是从文化出发研究宏观视角和微观视角下的语言特点和使用特点；社会语言学的研究主要集中于语言的使用规则。

②研究问题的角度不同。文化语言学往往与其他人文学科交叉，从文化语言学和相邻学科的角度分析问题；社会语言学在研究问题时不借助其他学科的知识解决语言问题，也不研究其他学科的问题。

③研究范围不同。文化语言学的研究范围包括当代语言现象、理论语言现象和语言在文化史上的变化；社会语言学的研究范围仅包括当代语言现象。

（二）与人类语言学的关系

民族语言的研究往往会关系到民族文化的研究。例如，词语能够反映文化，地名翻译能够反映民族的迁移轨迹，人名能够反映宗教和信仰，亲属的称呼能够反映婚姻制度，这些可以称为人类语言学。从某种层面上可以将文化语言学等同于当代人类语言学。因此，文化语言学与人类语言学的联系紧密，其关注焦点都是人，但有所不同。

文化语言学关注语言本身、语言历史、语言书面形态、语言现状及其形成原因。人类语言学有人类学的特点，其研究对象是活的语言。除研究对象不同以外，二者的考察方法也有所不同。人类语言学主要采用实地考察法；文化语言学采用实地考察法、参照法和认同法等方法。

第六章　宏观视角下语言的交叉学科

随着语言学的发展，出现了诸多语言的交叉学科，而在宏观视角下，这些交叉学科主要分为三类，即语言哲学、语言生态学和语言伦理学，它们在英语语言学理论的研究和应用中发挥着重要的作用。通过分析这些语言的交叉学科，有利于学习者更好地了解和掌握英语语言学理论的发展，进而取得进步。本章分为语言哲学、语言生态学、语言伦理学三部分。

第一节　语言哲学

一、语言哲学的内涵

语言哲学（linguistic philosophy）是探索人类语言的一般性质、状态、特性以及语言科学的理论基础和概念基础的各种研究的总称。语言哲学是现代西方哲学中影响最大的一个哲学流派。

语言哲学主要包括以下三方面的内容。

①语言哲学，是对意义、同义词、句法、翻译等进行的哲学思考，并且对语言学理论的逻辑地位和验证方式进行研究的学科。

②语言哲学，包括基于自然语言或人工语言的结构和功能的任何概念的研究。

③语言哲学，是对关于语言本质、语言与现实的关系等内容的哲学性质的理论。

作为思想外壳的语言历来与哲学有着密切的关系。语言之于哲学，既是对象，也是材料和工具。当代哲学的语言转向，更是将语言上升到哲学研究的中心和出发点。西方哲学的语言转向对哲学之外的其他人文社会科学产生了极大的影响，语言学也随之发生了哲学转向。哲学语言学是语言研究的根本任务，要以哲学语言学的精神考察古往今来的语言学研究，回顾中国语言学的借鉴和引进的历程。哲学语言学是以哲学理论研究和解释语言问题，或者是对语言进行哲学思考。随着语言学家对语言哲学思考的逐步加深，哲学语言学正日益成为语言学领域的重要分支。

《哲学中的语言学》是熟悉乔姆斯基语言学的哲学家万德勒的代表作。他用现代语言学的手段来讨论语言哲学问题。对于语言学是否能帮助哲学，作者的回答是肯定的。书中每一章考察一组语言现象，借用了现代语言学的工具，得出具有哲学意义的结论。

钱冠连在其著作中总结了语言的各种性质，包括语言全息性、语言递归性、语言离散性、语言层级性、语言线条性、语言模糊性、语言有机性、语言节奏性和语言任意性。他运用生物全息律、宇宙全息律和系统论对语言的性质和语言理论进行思考，阐述了语言各要素的本质特点及其相互间的联系，提出了语言全息论。在认定天人合一的中国哲学看来，既然语言是人的产物，天人合一的直接结合也意味着“天语合一”。语言全息论就是“天语合一”论。这里“天”指宇宙、世界、现实。语言全息论是一种哲学观念。钱冠连还采用民间语篇例证，指出以语言为最后的家园者，是每一个普通人，是语言行为中的人。

把语言看作思想本身是对语言性质的全新认识。与传统哲学以及传统思维方式对语言的理解有很大不同。如果仅仅从经验的层面观察，语言的工具性质似乎占据了主导地位，然而只要进一步分析就会发现，语言活动不仅仅是在表达或传递某种其他的东西，它本身就是人类的一种活动，是一种经过社会化改造的本能的活动。认识语言就是认识人类自身。我们对语言的情况了解得越多，就越能了解我们自己以及我们在宇宙中的地位。

二、语言哲学的研究对象

笼统地说，语言哲学的研究对象是语言并没有错，但这个说法不能将语言哲学与语言学区别开来。然而，要准确地阐述语言哲学独特的研究对象，并给出一个科学定义，是非常困难的。亨尼格菲尔德认为语言哲学是不可定义的。

迄今为止，没有哪一个语言哲学家明确地给出一个定义，没有哪一个语言哲学家为语言哲学框定一个理论体系。有的哲学家甚至明确反对建立语言哲学体系，他们认为，语言哲学只是一种分析语言活动，语言哲学区别于其他哲学的地方就是没有体系。尽管这样，人们还是设法从现有的语言哲学的研究成果中去概括它的研究内容和范围。例如，塞尔曾建议区分 philosophy of language 和 linguistic philosophy，前者研究语言的普遍性质，如指称（摹状词理论、历史的因果的命名理论）、意义、真理（如符合论、语义论、冗余论、一致论、实用论等），关心的是普遍的哲学问题，后者研究特定语言中的特定词语的用法，回答某些特定的问题。

我国学者对这一问题也有所研究。例如，王健平教授认为，“语言哲学是从哲学角度研究语言的一般理论和有关语言分析问题的科学”。其中的“语言的一般理论”，既包括对语言的本质、语言的功能、语言的形式等问题所进行的哲学探讨，也包括由此引申出的对语言与意义、语言与真理、语言与意向、语言与心灵（思维）、语言与世界等问题的探讨；“语言分析问题”，既包括不同的语言分析方法，也包括运用这些方法对各种语言表达方式所进行的各种精细的语言分析。

大部分学者认为，语言哲学的中心问题是：①语言和世界的关系问题；②语言或语句的意义问题。这两个问题，哪一个应优先予以研究呢？目前，有两种意见：一是“语句意义问题在先论”，二是“语句是否为真在先论”。前者的论证是：要确定某句话的真假，必须查看实际情况；要察看实际情况，必须先懂得该句话的意义。所以，要确定某句话的真假，必须懂得该句话的意义。后者的论证是：要懂得某语句的意义，必须知道该语句是怎样获得意义的；要知道该语句是怎样获得意义的，必须确定该语句的真假。所以要懂得某语句的意义，必须确定该语句的真假。

这两个论证正好论证了这么一个观点：上述哲学的两个中心问题其实是从两个角度看的同一个问题。

这两个中心问题还可以派生出以下几个问题。

第一，一个句子可能在此场合为真，在彼场合为假。例如，“英国现任首相是特雷莎·梅”。此句出现在 2010 年为假，出现在 2016 年 8 月为真。

第二，有的句子的真假与世界无关，有的句子则不然。举例如下。

a. 单身汉是未婚的成年男子。

b. 曹植或者是政治家，或者不是政治家。

c. 孔子是子路的老师。

此例句中，句 a、句 b 真假的确定，与世界无关，它们都是语言内部的问题，从语言内部的分析中就知道它们均为真。而句 c 则不然，它不是语言内部的问题，其真假的确定与世界有关，对照客观实际，可以确定它是真的。

第三，有的句子有意义，但无真假。举例如下。

a. 喂！

b. 美国会通过武力来解决朝核问题吗？

此例句中 a 是一个呼喊句，它不含命题，因而没有真假；此例句中 b 是一个一般疑问句，当然也无真假。但是，此例句中 a、b 都有意义。

显然，由上述中心问题所引发的问题，都在语言哲学讨论的范围内。

综合先贤时俊的观点，有学者认为，语言哲学的中心课题是语言、心智（思维、认知、意向等）与世界三者间的关系，如图 6-1 所示。

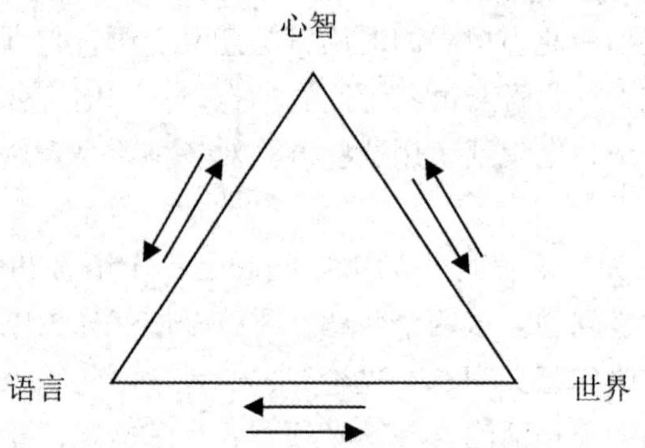

图 6-1 语言、心智与世界的关系

具体地说，语言哲学的中心课题是研究上述三角形的三条边，即研究这么三对关系：①语言与世界的互动关系；②语言与心智的互动关系；③世界与心智的互动关系。当然，每一对关系的探讨又会带出一些次要课题的研究。

概括而言，在语言哲学的研究中，主要围绕这三对互动关系，展开以下七个问题的探索。它们是：①什么是语言；②语言与世界；③语言与思维；④语言与认知；⑤语言的层次；⑥语言的意义；⑦意义的表述和理解。

第二节 语言生态学

一、语言生态学研究的历史

早在 1912 年萨丕尔就进行了“语言与环境”的反思。虽然他当时没有将语言环境与生物生态环境做隐喻类比，但是他最早企图将语言学的研究超越对语言结构、发音、词义等的描述，建立语言与自然的关系。时至今日，语言生态学的基本概念还是“相互作用和多样性”，因此，即使萨丕尔当时没有明确提出语言生态学或生态语言学的隐喻或学科理论，但他还应该被看成语言生态学研究的开拓者。

豪根在 1970 年的一次国际语言学会议上首次提出语言生态的概念，将人们对语言研究的思路引向将语言作为索引来参照的世界。他认为“语言一般只存在于使用者的大脑中，只有在语言使用者相互之间产生关系并与周围的自然社会环境相关时才起功能作用”，因而部分的语言生态也属于心理学、社会学、人类学、政治学等学科，而某个语言生态体系状况主要由学习、使用、传播该语言的人们决定。

继豪根之后，翻译学家史特纳于 1975 年又提出了语言多样化问题。“为什么全世界人类的消化道进化和功能都一样，每一进化阶段错综复杂的过程和背景也大体一致，而这种既一致又各具特色的哺乳动物不使用同一种语言呢？”史特纳努力想用达尔文的“物竞天择、适者生存”的生物进化概念来解答语言多样化进程之谜。有史以来，在这个多元化的社会框架内，人类把讲着成千上万种无法相互理解的语言看成天经地义的事。语言多样化究竟有没有在世界的某些地区“妨碍人类进步”？“思维和语言表达的发展”对语言多样化赋予更好的结果还是妨碍其不断地进化？豪根在世界各地研究了多种语言，然而还是没能解开复杂的语言多样化之谜，最后他非常合理地解释出“翻译的存在就是因为人们讲着不同的语言”。

上述语言生态研究的开拓创新者的种种观点都典型地突出了生态语言学的两大主题供语言学家继续拓展，即伴随着日益加剧的濒危语言问题的语言多样化研究方向和伴随着污染、物种灭绝和环境恶化问题的语言与环境的关系研究方向，语言生态学的研究在全世界各国不仅在语言学、社会学、人类文化学等学术界展开，而且受到政府部门、社会各界及普通人群的重视。

二、语言生态学的概述

语言生态学是一门综合性、前沿性的交叉学科。当今社会，生态越来越受到人们的关注，语言生态与构建良好的语言生态环境、生态文明紧密相连。多姿多彩的民族语言和文化都有其存在的理由和价值。语言和文化的多样性能够更好地保证人类社会生态系统的平衡，保证不同国家、不同民族、不同文化、不同语言的人和谐相处、互相学习、共同发展，从而保证人类拥有可持续发展的社会文化空间。

在当今社会，语言的发展呈现出异常复杂的局面。一方面，由于经济和社会的变革，大量新的表达方式不断涌现并极大地丰富了语言，语言的呈现方式发生了巨大变化，语言的表现力也大为提高。另一方面，语言的发展由于受到诸多不利因素的影响，语言生态也面临着空前挑战。例如，现在很多广告语对语言的故意误用引起人们的关注，篡改成语以求广告创意的做法有愈演愈烈之势。由于语言学习的黄金阶段集中在一个人的少年和青年时期，如果他们接受并使用各种不规范的语言，那么语言使用者本身、语言工作者和整个社会都将为此付出代价。

要改善语言生态，营造话语和谐，需要全社会的共同努力。语言学家们应该对语言污染密切关注并深入分析，提出有效的改善语言生态的方法，为国家有关部门的决策提供依据。媒体应该肩负净化语言的责任。媒体对语言有天然的依赖，因而也应该更加善待语言。阅读文学作品是提高大众尤其是青少年语言素质的重要手段。作家也应该肩负起规范语言的使命。同时，文化部门应该对流行音乐市场加以整顿并对语言生态进行持续、严密的监管，引导大众一起改善语言生态，营造语言和谐。

冯广艺的《语言生态学引论》从理论和个案两个角度论述了语言生态学及其相关问题，初步构建起具有特色的语言生态学体系。《语言生态学引论》着重研究语言生态系统、语言生态学视野中的语言接触、语言人和语言生态对策、语言生态与语言国策、语言生态与语言态度、语言生态与语言和谐、语言生态与语言运用、语言生态与生态文明建设等问题，在构建具有中国特色的语言生态学学科体系上做了尝试。

语言是一个民族或族群的重要标志，也是其区别于其他民族或族群的重要特征。2001 年联合国教科文组织通过的《世界文化多样性宣言》确认了生物多样性、文化多样性和语言多样性的相互关系，将这种联系上升为生命多样性的构成内涵。为此，保护世界语言多样性一直在联合国教科文组织的众多工作中占有重要地位。有语言学家估计，到 21 世纪末，全世界 6000 种语言中 90%将可能消失，大部分语言的交际功能将陆续让位于国家或地区的通用语言。语言作为人类文化的载体，它的消失将导致人类一些重要文化现象的消失。联合国教科文组织于 1999 年确立每年的 2 月 21 日为“国际母语日”，呼吁国际社会关注濒危语言，保护语言及文化多样性，促进社会平等和包容发展。教科文组织认为，语言与文化多样性具有加强社会团结、增强凝聚力的重要作用。如今更多人认识到，语言不仅对发展、确保文化多样性和进行文化间对话具有关键作用，在加强合作、建设包容性知识社会、保护文化遗产以及提供全民优质教育方面也不可或缺。通过与各国政府、社会及民间机构合作等形式，教科文组织在世界各地广泛开展宣传保护濒危语言、发展多语言教育、促进社会和谐发展等活动。

三、语言社会生态学的跨学科探索

（一）概念化的一般看法

审视和理解生物生态的概念形成历程对构建社会文化生态是有用的，这不仅是因为生物生态的主体尽管通常是现实世界的非有形部分，其本身也是生物的有机体；而且也因为，在生物界的生命研究中，许多已经成型而且广泛使用的概念和观点，对于理解与人类社会语言生命有关的现象，也具有丰富的概念类比和创新视野的意义。

生态这个概念对于我们进一步理解生物种族的生存、发展和灭绝，发挥了重要作用，它本身就能给语言学以及整个社会文化领域提供有趣的创新。不再将语言对象和事件当作是真空中的、与其他事实和现象相隔绝的东西来研究，而是将它们看作与其所处环境多方面相关的实体来研究，这是一个巨大的进步。那么，创立一个“语言的生态学”，把“研究生物体与其环境之间的相互关系”仿用到人类的语言行为层面，促进对语言品种及其与地理、人口、社会、政治、环境的关系研究，这可能对仍然专注于语言符号的语言学研究深有启发。

生态学方法重视“整体”而非部分，让我们充分认识到现实中各种现象的相互关系，以及生物体自身生存于其中的生态系统内部相依关系的关键性质，因为从系统观—生态学视角的基础来看，研究对象本质上就是嵌入在更大网络里的关系网络。

从社会语言学以及普通语言学的观念来看，生态隐喻具有启发性。一方面它能使我们更好地理解人类交际系统的变迁，另一方面它允许我们将这些系统与人类努力建设的社会互动的世界全面整合在一起。

此外，生态系统的动态观念也使得时间维度重新成为语言现象，且这一维度经常为20世纪的主流学说所忽视。“将生态系统理解为事件序列比起将它作为某个地方的事物来更为有力……”生态系统是进程性的，将其作为时间秩序而非空间秩序，更容易理解。那么，有事件和进程而没有“对象”，这一事实对社会文化科学中仍然流行的这种做法提出了质疑，即将人类社会中存在的意义、行动、情感当作静态的和机械的事物来认识。因此，动态的和生态系统的观点促使我们把现实看作一个进程，而非只是一个“结构”。

从生态学的角度来看，进化总是协同发展的，因为所有生物的进化都与其所在环境的其他生物相互依存。同样，人类语言和言语行为的演进也是与所处环境相关的人口、社会经济、政治和科技事件协同发展的。语言可能对某些影响其他现象的事件格局产生干预，而这些事件也可能影响语言的组构。例如，构成国家的各语言群体的分布就可以影响国家的政治格局；同时该国的政治决策也可能对这些语言群体的生存产生重大影响。

其他出自生态学视角的概念对于我们理解社会语言现象也能提供有用的概念区分。例如，“种群”与“群落”的区别就很有意思。“种群”指一个特定的物种，而“群落”则是在特定栖息地共存的物种总和。更具体地说，“群落和单纯的生物聚集的差别就在于，它是不同物种互相适应的组合体。群落并不表现为一个特定的生物集合，而是表现为生物的差异性，因为其他群落成员也可展现这种生物。瞬时群落就是优先适应进程的具体表现，例如，当一个物种选择和其他物种避免竞争时就会发生特征替代”。转到语言领域，“种群”可以用来指代一个特定的母语群体（L1），而“群落”可指称那些由不同母语群体构成的社群，这些不同的母语群体有着某种程度的影响和相互适应。以加泰罗尼亚为例，我们可能有这些种群：以加泰罗尼亚语为第一语言，或以西班牙语作为第一语言，或说两种语言，或说其他第一语言的种群。从“群落”角度看，所有这些群体都能适应其他群体并协同发展，缺了这个群体，另一个群体就可能无法发展。

在今天的加泰罗尼亚，加泰罗尼亚语的送气音、西班牙语的大开口元音、通过某个种群里的语言接触而出现的双语化现象，以及代与代之间母语替代所产生的双语化现象，都是文化群落生态必须记住的。事实上，尤里埃尔·瓦恩里希曾建议过，在研究语言接触问题时，应区分不同的第一语言群体。就加泰罗尼亚的情况而言（其他所有情况也一样），我们必须确保各项研究做出这种区分，这样我们提供的就不只是诸如整个群落使用加泰罗尼亚语的能力这类数据的汇编，虽然这个数据也重要，但它可能掩盖种群层面上更细微的活动进程。在生物学领域，“种群和群落生态学的子学科所关注的问题是，生物间的相互影响及其与自然环境和非生物逆境之间的作用是如何影响物种的丰富性和多样性的”。同样，社会语言学研究也可以而且也应该在社会文化层面被给予类似关注。

区分“种群”和“群落”也解释了如何看待那些虽说用同种语言但在不同社群有不同关系的人群。我们可以把将加泰罗尼亚语作为第一语言的大群看作一个单元，但我们不应忘记，这群人分布在人员组成和活动情况可能很不相同的社群里，所以有必要对他们分开研究。结果，就像生物生态学家所说的，“人们可能希望种群拥有比群落更大的空间规模。请注意，竞争这一群落内部的主要进程是非常地域化的事……群落内的相互作用通常慢于种群间的相互作用”。与此同时，“那些过去的、形成群落的进程已经成为现在群落结构的组成部分”。这一事实可能有助于我们理解跨群体语言使用行为模式持久性这种现象。在加泰罗尼亚本地也偏向使用西班牙语而不是加泰罗尼亚语，即使在已经成为双语人、数量占多数的新一代公民中也如此。当前的情况显然是诸多历史事件共同作用的结果，例如，政治上的从属、人员迁移等。这种历史事件还会继续以某种间接的方式对构成当代社区的各群体的实际状况产生决定性作用。

在一些学者看来，生物生态概念化的各种观点中，对研究和理解语言多样性演进很有意思的另一个方面，是采用“模型”这个概念对生态系统的运转做出解释，尤其是“最小模型”的思想。“最小模型从最少量的解释原则中得出预测……模型必须与数据一致，而当数据使模型失效时，就有了科学的进展。……最小模型给出了普遍性，这是优秀的科学的标志……科学就是关于以一种容易管控的方式组织经验，越容易控制就越好；科学可能会也可能不会达到终极真理。”

模型化的成果是辉煌的。模型能使我们对相关现象的理解往前推进，并使得提供一种未知的预测力成为可能。知道了控制每个特定生态系统的流程，生物生态学就能在许多情况下预测因某种环境条件被改变而可能发生的中断。要是社会语言学达到了这个阶段就好了。不过我们后面还有很长的路，而且我们要了解的对象和现象可能千差万别（虽然有时并非如此），并且可能以很不相同的方式演进：这显然会使得缜密的预测愈发困难。

所以，正如卡普拉所言，“自然界的行为受因果关系即所谓‘自然法则’支配，而社会领域的行为则受社会制度所形成的且常常立为法律的规则支配。二者关键的不同之处是，社会规则可以打破，自然法则却不能。人类可以选择是否遵守和怎样遵守一种社会法则；而分子则不能对它们是否应该相互作用做出选择”。因此，人类对其社会文化和语言行为的决定权，比其他生物物种，或比人类自身生物物理方面的决定权，要自主得多。所以很可能是，社会认知规律必须有不同于生物物理规律的概念和理论，即使为了构想模型来理解现实，也需要对它们进行整合，取得一致并能互相启示。然则，社会语言学面临的巨大挑战，就是发展与创造这些基本模型所必需的概念，这些模型能让我们理解（至少大体上理解）不同类型的现存状况的发展动态，并且必要时能指导我们做出恰当的干预。

所有这些都集中表明，有必要向社会生态的观念化推进，这种观念化应成为一种语境，它不仅应包括面向进程的观点，有着自我组构和因果相循的开放系统，而且应包括人类最独有的特征：思维及其表现形式、情感流露和行为后果。最重要的是，我们应避免这种危险，即生态系统的观念化会继续把人类和社会事实简单地看成“对象”。要做到这点，我们必须对人类现实中的观念和意义给予充分的阐释。

（二）多样性的形成

简略浏览一下生物多样性研究中已公开的或反复强调的那些问题和领域，将会使语言学家立即意识到多样性的形成问题。这种多样性在我们身边随处可见。我们相信应该努力让它保持下去，但是它是怎么出现的呢？生物多样性的思想和观点对理解语言多样性的形成有些什么启示呢？

姑且不论多元和多变的现实中“物种”或“语言”概念是否合适的问题，我们应当承认这个事实：不同的生物和不同的语言交际系统有着很不相同的解决方案。生物多样性最经常提及的一个因素就是，某个特定种类生物的遗传隔离。“每个物种都是一个封闭的基因库，一个不和其他物种基因交换的生物集群。因此，它独自进化出独具特征的遗传特性，并占据一个独特的地理范围。而在物种内部，特定的个体及其后代不能与其他个体差异太大，因为它们必须进行有性繁殖，从而将它们的基因与其他家族的基因混合。”笔者要说的是，这种隔离特征以及有助于发展生物多样性的关系的缺失，也同样存在于语言多样性的形成当中。就像“繁殖中的种群之间的生殖隔离是创造生物多样性的绝对关键点一样”，如果一个彼此流动的、相对大范围的交际无法持续存在，那么有着相同来源的语言群体就会以各自不同的方式发生进化，并且越来越远离原始内核可能产生的创新。久而久之，结构差异可能会变得非常巨大，以至于无法相互沟通，交际编码就变成了完全异质的、不相关的东西。种群的地理分布对于理解多样性的产生和存在具有重要作用，正如玛格列夫所说，生态中“空间的重要性不应该被忽略”，因为它“起到绝缘体的作用……从而联系被限制在其个体生活距离非常邻近的物种之内”。

虽然语言群体和语言谱系之间有着某些巧合，这些巧合使得我们建立了广泛的谱系假说，但人类的语言进化依然是一个谜。尽管如此，它仍然是一个开放而复杂的研究领域。就像“早期类人猿类种群同时进化和分化成至少 3 种不同的物种”，早期智人种群随着在地球上的扩散，也一定分化出了不同的语言支系。原始的相互交际一旦消失，进化的态势就沿着相异的道路发展，但总是脱离不了物种的特征和属性。这意味着我们可以假设，在研究世界各种语言时，普遍的概念和机制是可能存在的。

正如笔者所说，同生物物种的形成相类似，“语言的物种形成”以地理上的形态为基础。基于自生和自我组织的特性，群体的繁殖隔离促成了交际种类的发展，各种交际与每个人类的小群体相适应。经过世代延续，这些交际形式经过动态演进，产生了更具历史特性的多样性。如卡普拉所述，“自生理论揭示创造性，不断产生新的组态，是所有生存系统的关键特征。这种创造性的一种特殊形式就是通过繁殖产生多样性……”。不用说，这一现象今天仍然存在。人类的语言进化并非一个已经封闭和结束了的过程，它处在不断地变化之中，它的变化方向是完全无法预测的。

在笔者看来，实际上源于自生理论创立者之一玛图拉纳的一种观点，对语言学者开展反思尤其有用。玛图拉纳促使人们注意到我们对现实中特定对象的静态的命名方式，这种方式会向我们隐藏许多“对象”本应分辨的动态和进程方面的属性。例如，在语言学层面，“语言”这个词在很多情况下都很有用，但它可能掩盖语言现象的持续变化状态。从行为和运动的视角来看，只有“言说”，没有语言。人们总是在“言说”，意思是，当我们说话和试着让别人理解我们时，我们在“制造语言”。尤其在口语中，这是所有语言交际的基础。在我们的社会关系的框架和服务中，人们都在一起对语言形式进行某种程度的保持、创新、调整、改变和创造。因此，正是这种不停地“言说”，创造了人类语言在空间和时间上的多样性。

可见，我们今天看到的“语言”是人类社会语言历史的进化结果。正如“一个生物体的结构是它先前的结构变化和先前的相互作用的记录”一样，当代的语言编码是人类过去诸多社会交际事件的结果。语言里积淀了我们为了在这个世界上生存以及为了改善我们的生存条件而创造的全部思想、概念和意象。不过我们应该认识到，这种进程没有结束，对创造和革新的需求依然存在。

（三）延续性

就像在生物生态学中那样，在语言生态学中我们也需要采用一种动态的、面向进程的视角以更精确地描述我们领域的发展。我们必须抛弃索绪尔的“共时”和“历时”二分法，因为二者任何一方都不能离开对方而独存。历时只是一种看待共时延续性的历史视角，而“共时”情况只是某个特定进化过程的阶段。

人类物种的语言表达多样性一旦被创造出来并传播到世界各地，多样性的连续就与其特定的生物—社会—文化栖息地和环境的命运紧密相连。如果群体内部关系度高而群体之间关系度低，语言品种就可能持续存在。如威尔森所坦陈的，“栖息地的彻底消除……是物种灭绝的首要原因，紧随其后带来破坏性的是引进外来入侵性物种……”。类似的是，在语言领域，如果人类群体生活在一个没有别的语言可以同他们自己的语言竞争的环境里，这些语言品种的存续就有了保证，除非在该群体内部出现了进化变异。如果没有同其他语言接触，持久存续就是一种自然而然的事实。语言形式的代际再生是通过社会化进程而实现的，新生代成员会自主共造某些言语变异，这种自主共造或许能使他们引入一定程度（但有限）的革新。

“生态位”这个概念对于理解生物延续性有着非常重要的作用，可将它定义为“众多个体在生物群落系统中所占住的位置，这些个体属于有着相似代谢条件和非生物条件的物种”，生态位被看作“一个n维空间，一个物种可以生存在某个特定生态系统里面的n维空间里”。根据布朗的看法，哈钦森早在1957年就认为，“任何物种的生态位都可以采用单个物种生存和繁衍以及种群延续所必需的生物和非生物条件变量的多维组合做出量化表现”。在哈钦森看来，“生态位是物种属性而非环境属性”。

“生态位”这个概念的中心是物种，而不是那么强调生态系统，它促使我们去设想一个特定语言群体在语言接触状况下实现持久延续所必需的最小环境条件（显然，如前所述，没有语言接触，延续就有保证，除非发生了影响整个群体人数骤变的其他事件）。此外，生态学家赋予这个术语的精确多维观念也可以移用到语言学领域，这样我们也可以把“众多条件变量在一个长时期和整个地理范围内对单一物种所产生的复合效应”放在一起来研究，因为“非生物条件、竞争和捕食对于限制该物种的地域分布起着重要的作用”。

语言实现延续性需要什么样的环境条件？一个特定语言为确保其持久性和再生力所需要的小环境又是什么呢？在语言行为领域，语言物种的维持最重要的是有赖于说这些语言的人们使用它。而语言的使用则往往要顺应特定社会—政治—经济情形和认知表达环境中普遍接纳的社会规约，它们可使行为决定合理化，“解释”做出的行为决定，以及证明行为决定是否合理。

语言接触或多或少都不可避免，在这种情况下，个人表现出不同层次的双语或多语化，这种情况一经形成，语言的功能分布及其历史演化就是关键的因素。正如生态学家所说，“各层次的稳定并非持久的必要条件，只有组织层次的稳定才是必需的”，既然这样，我们就应该仔细地研究这些语言的“排他功能”。某些情况下，例如，在非洲（虽然欧洲也有类似情况），一个使用双语或多语的种群并非一定丧失自己的语言。

这种情况也可能出现在那些能保持明确的功能分工的社群之内，这种功能分工将“排他功能”赋予语言编码，即上面所说的社群的语言。例如，在非洲，许多已经很多年就是多语的群体创造了自己语言的所有（或绝大多数）功能，被描写为“对内”使用的功能；而别的语言用于“对外”关系的功能。在欧洲的卢森堡或瑞士说德语的地区，有些群体已经双语化或多语化，但是语言代际传承似乎并没有受到影响。

一种语言保持的秘密很可能就在于某些特定的重要功能能够明确地在该群体交际编码中保持着。虽然该群体必须习得和使用其他外来语言，但这些其他语言通常用于“对外”或某些特定的、明确规定的用途。所以我们需要对促成语言多样性得以延续的这些最少功能做出界定，而且我们应该调查研究，这种类型的社会语言组织何以建构，以及将来如何变得稳定并可持续。这需要各群体在社会政治层面承当义务，因为在社会语言交际组织问题的辩论中以及在决策制定的过程中，整个社会都会牵涉进来。

（四）变化

如果说生物多样性在其进化过程中出现变异的话，语言多样性则表现更甚。在某个特定的历史点，多样性形态的呈现并不是永恒不变的，因为这两种形态的多样性完全或局部生存和衍生于生态演替的运动之中。因此，这些多样性就不仅在时间上同时也在空间上发生改变，因为种群和群落在其形成以及扩张和收缩的过程中都会发生量变和质变。

因此，从生态系统角度看，进化改变是“生命固有的创造新奇倾向的结果，它可能伴随发生也可能不伴随发生对变化中的环境条件的适应”，因为“进化并不仅仅是修补……它是一种自然突现秩序，由自然选择来选择和淘汰”，斯图亚特·考夫曼就是这样说的。同样，在语言层面，变化和稳定通过人类不断的“言说”，共存于一个连续的、关联的流动进程中，它可以自再生地创新，以及随人类经历的各种情景和格局自适应地组构。

所以，在生物多样性上，“所有生命形态都源于始祖，经历了数十亿年地质历史的连续不断的变化过程。在这个进化过程中产生的变异比可能存活下来的生命原型要多得多，因此许多个体被自然选择所淘汰，同时有些变种的生长和繁殖超过了其他个体”。同样，在语言多样性中，尽管时间过程较短，但进化创造了新的形式和变体，其中有些通常有过高度变异的形式和变体已经为我们使用，同时许多其他形式和变体曾经出现过，但已消失，没有留下痕迹。同样地，在个体间不断的交流过程中，新的形式和表达方式被创造出来，然后传播到其他群体，使用了一段时期，而后就被遗落。

据卡普拉所说，“莱恩·马古里斯声称，通过早先独立生物体的共生而形成新型复合实体，已经成为更强大更重要的进化力量”。也许我们应该在语言多样性情形中更为严肃地考虑这个假说。的确，我们习惯这样认为，说不同语言的种群之间的接触，总会以当下语言中的其中一种灭绝而告终，而其通常是弱势群体的语言。但我们不应忽略共生的可能性，即其中一种语言的一部分存在于另一种语言发展起来的结构当中。这种例子包括产生出由不同语言代码混杂而成的新型语言交际变体，它在系统层面上进行重组以创造出一套新的结构。这种进程的有名的例子是“洋泾浜语”。“洋泾浜语”是从一种基本语言代码中形成，却又使这种基本语言代码符合来自接受群体的语言结构，而且同时又在这个重组后的新系统基础上创造出新颖的形式。

（五）灭绝

无论语言交际问题最终是否能由共生来解决，它始终是语言多样性的巨大变革力量之一。用生物生态学术语来说，语言之间的联系可以被描述为“干扰”。“干扰是在一个特定系统之内的任何变动及不可预测的事情，它修改了现存环境条件并创造新的出来。它表现了生态系统的解体并释放新的资源。它们的频率和强度以及所影响的区域，是生态系统活力的关键属性，也是环境组构的基础……干扰的强度经常根据它们对生态系统的影响来测量。”在这种历史的动程中，许多此类接触情景最终导致了弱小群体的语言消失，这些弱小群体采用了强势群体的语言，但对它也进行了程度或大或小的修改。

就像生物学中经常发生的那样，环境在语言接触所产生的演化动力中尤为重要。在物种之间强烈的相互作用中，会经常出现“一些有利于特定物种而有害于其他物种的环境条件”。考虑到“大多数物种灭绝是由种群人口过程和环境变化共同造成的”，那么如果我们试图去理解这些动力机制，就必须将注意力同时集中在这两个层面上，我们也必须警惕它们的协同作用和相互依存。的确，语言转用情况迅速发生之际可能恰恰就是种群人口和社会政治两方面干扰都很剧烈之时。如果干扰只发生在一个层面，那么进化的节奏可能很慢，但如果在两个层面同时发生，社会语言栖息地的不平衡就会特别严重，并很可能加速一个种群对自身语言的弃用。

然而，社会政治环境可能对语音接触的演化过程产生深远的影响，即使在人口统计因素影响较低的情况下也是如此。在有些情况下，特定群体的政治—

经济附属地位成了关键因素。例如，国家权力机构人员很少外来移民，虽然也有被选上的。国家机器在人们中间传播意识形态和体现意志的力量是巨大的，一旦这些意识形态被内化了，它们就为这个群体弃用自己的语言以及作为向强势群体看齐而转用其语言提供了正当性。就像阿伦和霍斯特拉仿照生物学观点所说的那样，语言的情况同样也是"适者生存，实际上，就是那些适应环境者的生存"。

另一个决定因素是移民。正如布朗所说，也如我们前面所述，个体迁入新地或迁出旧的栖息地也会对当地的多样性产生重要影响。移民可以是物种或语言灭绝的重要决定因素之一。在语言情形中，接收移民的生态系统和移民迁离后的生态系统都可能遭受这种过程的深度影响，特别是大规模的迁入和迁出。

对于特定环境的原住种群来说，大规模移民可能代表着社会语言组织的重大破坏，特别是当移民群体占人口大多数的时候。随着新社群的产生，如果接收移民的社群在社会文化方面不比新来者优秀的话，外来移民的语言将占主导地位。如果外来移民不用接收方群体的语言作为日常语言，接收方群体的语言就可能最终消亡。

同样，在移民迁出而遗留下来的社群里，传统栖息地大量人口的离开，将对那些人口相对较少的群体产生极大影响，这可能意味着他们的语言将逐渐消失，特别是如果那些留下来的人同其他占优势的种群进行政治和经济接触的话。那些迁走的人大多数最终会融入新环境，并且与接收他们的人群同化，很快放弃他们原有的语言。当迁出者迁入到吸纳能力较弱的社群时，或者移民是占多数人口的语言群体成员，而迁入地语言的使用人口较少或权势声望相对较弱时，演化就可能难以预测。可能是一个群体缓慢地吸纳另一个群体，也可能会出现一个动态的相持，每个群体多少还保持着稳定的使用者。因此，人口流动几乎永远是语言多样性交替变化的一个重要源泉。

（六）保存和恢复

最近几十年间我们越来越意识到生物多样性正在消失的事实，以及有必要实行干预以确保其保存和恢复。保护生物多样性已经成为一个公共问题，媒体、议会和政府都非常重视在该地区积极活动的非政府组织的建议。生物多样性和语言多样性的领域有明显区别，尽管如此，了解一下生物学上的保护和恢复的理论与实践经验类推到语言学领域是否有意义，是一件有趣的事情。

我们已经知道，生物保护视角的一个重要特征是"生态位"，即栖息地这个概念，这是从一个物种生存所必需的条件这一角度来理解的。显然，这一视野是基于这样一个事实，即物种并非生活在真空，而是完全融入了它们的自然环境，并在其中相互依存。那么，正如巴提森所说，我们看到的是存在于环境之中的物种。人类的语言交际系统并非孤立存在的元素，它必然与语言使用者的历史经验相联系。说话人改变和发展这些语言系统，省略或添加词语和表达，将它们与源于其他群体的词语和表达混合在一起，并将它们传播到其他领域。要么就是这样，要么就放弃使用，用别的语言系统取代，这样就将他们自己的语言判了死刑。

因此，语言的第一个环境是由这群人构成的，即传承语言并使得语言存在的人们。这些特定文化的人们生活在自然环境中，也生活在特定的政治、经济、人口和心理文化环境中。只要促进人类特定交际方式发展的多维环境依然稳定，这种语言的持续就自然和自动地从这一代传到下一代，虽然由于每个新生代都会发生自动共建语言变体的进程，总会有可能产生一定程度的改变。然而，如果语言生存的任何重要维度发生改变，那么语言的代际再生就会受到影响，在那些不利于传统语言交际形式延续的情况下，这些语言就会被同样处在这个环境中被人们认为具有社会文化优势的其他语言所取代。

语言多样性的连续取决于传统栖息地的干扰程度，也正如物理学家普利高津说的，取决于我们是否知道如何“去发现正是在什么样的条件下不均衡情况可以是稳定的”。由于人员流动、政治联系、跨国经济以及通信技术创新，当今时代的突出特点是在人类传统的组织中引入了科技、经济和政治变革，这使得语言接触多向且频繁。因此，最大的挑战看来并不是要避免这种接触（虽然绝大多数情况下不可避免），而是如何管理它，以确保它不会破坏人类群体在历史进程中创造出来的大部分语言多样性。在许多情况下，语言接触现在已经到了需要建立“恢复生态”的地步，以便保护剩下的东西（尽管许多时候已剩下很少了），而且也要恢复失去的平衡，从而确保语言多样性持久地连续。人类的许多族群，例如，今天加拿大的土著族群，以前一直使用的语言正在消亡，他们对此感到深深的后悔。他们欢迎有重建语言环境的机会，这种重建可能恢复他们祖先交流的语言。

阿伦和霍斯特拉提出了一个关于恢复和保护生物多样性的生态管理观点，我觉得它或许能有效应用于语言多样性的恢复和保护。“我们希望建立的中心管理原则是：最有效的管理要能识别环境正在消失的运作方式，能明确环境原来已为受管理单元提供了什么，而且能把该管理单元培育成尽可能接近原貌……在管理之前，该单元是与其环境孤立的，而管理则在自然情景缺席的情况下推动被管理单元的健康发展……如果为该单元提供了所有它可能从其自然情景中获取的东西，那么它就能全效力地运作起来。”这是一个仍未被生态社会语言学研究的领域。为了恢复和保持正在衰退的各种语言的功能，在重建或保护社会文化环境时，我们应该优先考虑什么？在今天的社会—政治组织体制下，为了实现这种复兴，应该重新引入什么样的变革？在经济领域应该实行哪些改变？在社会文化语境中，什么对保护和恢复濒危语言至关重要？

很明显的是，今天在衰退的语言社群还在继续走向消亡，除非该社群的人们在世居地的社会组织中发起大的变革。这些变革将终止他们对自己语言的忽视，促进这些语言功能的恢复。但是如果认为只是纯粹“援助”（这个词的通常意义是这种方法最合适），则很可能是错误的。就是说，对上述各种语言变体都提供个别援助，这种办法没有考虑到社会文化族群的真正需要，而只是简单地关注民俗方面。采取的行动应该基于“将促使被管理系统运行的自然能量供给最大化，而将人为的能量援助最小化”。也就是说，需要在语言社群日常功能层面做出干预，这才是以“自然的”方式为各种语言赋予连续性和功能性，而不是在某些特定方面给予一种局部性的支援，但这一做法对于正在为社会文化持续性而努力的族群恢复自主力起不到多大作用。

因此，必须从整体的角度来实施恢复干预，因为“只有管理者的工作顺应被管理系统的潜在进程而不是产生对立，才能获得持续的解决方案”。所以理想的情形就是，语言的使用应该由使用该语言族群的日常活动中的生活习惯来掌控，而不是强行约束掌控。这涉及在语言接触情境下人类社群语言使用的动力学知识，而想要获得这一知识就应该在人类行为偶发特征施加的限制之内寻求建立模型。确实，保护一种面临灭绝的人类语言比保护面临同样威胁的一个物种要困难得多。

如上文提到的，应用这些原则的一种途径可能是促进对衰退中的语言特定的排他功能的使用。考虑到多数情况下我们无法回到一种与该语言弃用前相同或很相似的环境中去，我们就必须想象在新情境下它的维护和恢复是如何实现的。在这个框架中，正如威康·麦琪指出，衰退语言的排他属性、特定使用意味着该语言要恢复到（或至少没有丧失掉）日常功用，尽管它并不用来表达该社群所有的语言交际活动。如果没有这种排他的功能，语言就会变得可有可无或多余，就会很快灭绝；如果语言的功能还在而且经常使用，说这种语言的人就有更强的动机将它“自然地”传给下一代，他们不再把它视为过去的遗迹，而是成为他们日常交流生活中的一种主动行为。

当然，每个案例都是不同的。就像弗洛斯和古提瑞兹谈到生物问题所指出的，“环境条件……以及干预状态（或外来力量进入系统内部的方式）将决定制定可能的策略……语言接触的诱因和接受者群体的整体环境将是决定哪种行动最合适的重要因素”。例如，一种情况是，在一个异族语言群体占主导的国家里，由于处在衰落中的群体的从属地位以及政治上的一体化，使之必然发生接触；另一种情况是，因移民而发生接触。还有就是这两种原因都起作用，发生接触的原因都各不相同。发生接触的动态虽然表面上相似，但实际上可以完全不同，因而需要采取不同的行动。

解决问题最简单的例子就是，让上面提到的衰落群体占据一块特定的领地，在这个领地里限制外界因素进入，哪怕它是一个国家的一部分，而这个国家有多个人口数量更多的语言群体，也应当这样做。如果国家中央机构无法实施多语制管理，那么可以按照清晰的功能划分来组织这些接触的情景，即纵向接触的情景，在本地交流时使用自己传统语言，对“外”交流则使用主导语言。比较麻烦的是横向接触的情景，也就是人群的分布，在横向接触中有不同于第一语言的群体共住同一个地理空间。在这种情况下，组织情景将会更加复杂，虽然也可能取得成效。这些群体越是能够在原本就无接触的情况下过着它们本来的生活，群体间的紧张和冲突就越少。如果情况不是这样，一个可能的解决方法就是将各方的弱势达到一个平衡：任何一个群体都没有在语言功能上获得全部控制权，因而双方都必须懂得对方的语言。这里的根本问题是保证这种平衡的稳定，也就是说，要非常用心地确保功能的分配不会导致劣势群体的语言被废弃。

无论如何，语言多样性的恢复和保持从来都不是一件容易的事。语言群体所生活的环境更有可能迫使那些人口经济上不那么有影响力或政治地位较低的人放弃自己的语言。人类许多群体无法充分掌控自己的公共生活和语言组织，也就不可能实现保护和维持他们语言的行动。通常情况下，即使那些对他们群体生活有一定的但有限的掌控的群体来说，在努力落实保护他们语言的政策时还会不断遇到阻碍，因为主导群体可能认为这些政策具有威胁性。道金斯的一条经典语录可能对解释此类状况有所帮助：“狐狸在为晚饭追赶，兔子在为性命奔逃。”

（七）语言生态学：理论、伦理和政治

正如我们所看到的，对生物生态学的一些理论方法和概念工具的一种“语言学的”解读，对“语言生态学”或社会语言生态学的发展具有激励和启发作用。生物生态学的系统方法使得我们有机会将语言形式和交际编码看作与其社会文化栖息地必然融为一体的元素。同样，我们也可以认为，语言形式和交际编码

与生态系统中的其他客体相互关联，例如，个体对现实的认识，他们赋予形式和编码的社会意义，个体的社会经济归属，以及群体表征。将目光从生物生态学家转向更广义的社会生态学作者，例如，埃德加·摩林，认为理论建构建立在循环的假设上，即形式和编码既存在于社会和文化中，同时社会和文化存在于形式和编码之中。我们可以用这种方式来表达现实的非碎片化，以及元素和语境的非分离性。事实上，语言生态学的观点可能通常会以这样一种方式对语言学产生影响，它已经超越了对人类为交流而使用的各种语言的（共同）存在现象做简单的概念化。

从多维度的和相互依存的观点来看，我们可以试着对语法、意义解释和语言使用做一体化的描述，事实上它们是一个不可分割的整体。

从这一观点出发，我们可以实现“知识融通”——概念的一致和整合，这是爱德华·威尔森对知识的要求。生态学的视角使我们能够将以前看似分离的各个方面结合起来，同时为各个可分排的部分保留足够的自主性。我们现在可以结束语言与现实中其他元素的分离局面，这种分离多年以来一直主宰着语言学。以人类的解释能力作为出发点，正如巴蒂斯所建议，我们现在可以重新关联社会交流活动的各个层面和各种现象。将个体而非单纯语言形式作为意义的解释者和创造者，从这点出发进行理论建构则显得更有力、更完整、更利于解释一些先前无法清晰地概念化或难于概念化的现象。

事实上，威尔森“知识融通”思想也应该在社会语言学领域得到实现。作为一种“跨学科”，社会语言学从社会文化科学的各个学派和分支中汲取内容，从认知心理学到政治科学和法律，到目前为止还没有统一的范式可以为这些不同学科贡献的内容提供概念和理论上的贯通。在这里，生态想象同样可以帮助我们尝试以一种整合的方式处理各种各样的线索，领会它们的相互关系，并建立一个共同的、共享的整体，甚至每一种参与其中的学术传统都可以保存其特有的研究重点。有学者在自己出版的书中提出了用交响乐队或多声部来形象描绘这种整合的想法似乎可行。每个人都在按照他们自己自主共建的想法度过生活时光，每个人也以群体而类聚——种族的、语言的、经济的、职业的、宗教地位的，还因经济和政治权力影响和媒体而类聚。一种语言或各种语言是所有这些五角关系的产物，这五类群体随着历史上发生的伸缩变化而相互协同或互相抵牾。

因此，语言系统反映了语言使用者及其环境所发生的各种事件和各种需求，语言系统也与各种事件和需求共同演进。

生物生态学家的知识成果除了给语言学家带来理论和概念方面的教益之

外，它还可以在伦理层面上解释保持语言多样性社会运动的合理性，虽然我们前面提到生物学的对象与语言学或文化的对象有着本质的不同，这一点在规划促进多样性持续的干预行动时应特别牢记。如果说我们珍惜生物多样性并尽量去保护它，那么承担起保持和发展语言多样性的道德义务也是同等的重要。我们为什么要判处数以百计的语言和文化死亡呢？这些语言和文化可能包含了整个人类的创造力和创新的种子。我们怎能对那些为了生计而被迫弃用自己语言的少数民族的遭遇无动于衷呢？有许多工作要做。我们才刚刚开始，而且我们可以预见到经济和政治势力的强烈抵抗。只有建立国际的、全球的组织机制，让全世界都能听到他们的呼声，才能帮助弱小语言群体实现他们必需的环境改善；同时也要发展他们的经济和文化，从语言文化的保存和现代化相结合的角度实现这种发展，而不是将这种发展变成一种盲目的、野蛮的将其同化为当今世界主导语言和文化的过程。

事实上，如何协调经济“发展”、国际交流和语言保护之间的关系是摆在我们面前的一个重大的理论和实践挑战。应用生态学家意识到，他们的干预必须在新的当代环境中进行，因为不可能将生态系统恢复到原来的状态。正如我们提到的，我们需要至少找到一个“可持续”的状况，最好是利用自然发生的进程来促进其发展，而不是通过对立和反对的方式。理想的策略是对一些改变进行指导，这些改变有利于处在衰退中的群体。应用生态学清楚地表明了，需要一个生态系统的方法，将现实存在的、相互共同决定的生态系统、经济系统和社会政治系统一起来考虑。最主要的思想，如阿伦和霍斯特拉所说，是以环境以及相应损失补偿需求为中心。

显然，“语言生态学的干预”应该与单纯的生物生态学的干预非常不同。它的出发点应该始终是人类的心智能力。因为，尽管物质环境有重大的影响力，但人类的心智潜力意味着他们在与环境的关系方面更具创造性。与没有意识和智力的生物不同，人类可以考虑抵抗环境压力的可能性，并可以根据自己的喜好设法做出修改。在人类的环境中，决定论的影响程度较低，人类使自己参与的社会文化进程发生转向的机会也就大得多。

因此这种方法就不可能是纯粹“环境的”，例如，对于没有心智能力的动物物种，也必须要考虑人类体验各种情境的表征、叙述、社会实践和价值等。

一个夸大了的生物生态学观点可能使我们产生某些已被证明是错误的观念，这些观念在某些领域仍被广泛接受，这些观念以不考虑心智能力的社会学为基础，也就是说基于这样一种社会学：不把人看作能够对其所处现实进行思考和改变的个体，而是看作外部力量所决定的自动装置。所以我们应该构建一种社会认知的和历史的生态学，它考虑环境影响，把影响看成动态形式，而且将对象的心智能力纳入其中，它包含了以上的所有方面。

所以，从伦理的角度来说，为了拯救一个濒临灭绝的物种而采取的行动与为了保持或者恢复一种特定语言所采取的干涉措施不太相同。在前一种情况中我们并不需要取得参与者明确的授权（我们预料它们会支持这种干预），然而在后一种情况中如果不这样做的话就会被视为不道德和不正常。不管语言学家们怎么认为自己是有理的保护主义者，在语言族群并非出于自愿也不积极参与的情况下，我们不能强迫他们保持特定的语言行为，即使这并不违背他们的心愿。

所以，社会语言学的伦理观以所有语言平等为出发点，立志保留我们这个物种所创造的语言多样性，但不能忘记，取得相关的社会代理人的接受和支持是绝对必要的。我们不能创造强制性的语言“保存”，即使这种保存可能会达致某个特定语言的存续。生态语言学的伦理观必须始终牢记相关族群和他们的自主权，人必须是存在的中心和主要理由。这种伦理维度显然引出了生物生态学与社会生态学或应用生态语言学之间在政治层面的重要差异。应当通过民主程序和民主参与来采取行动措施，要尊重和考虑不同意见。

少数民族语言群体的典型情况是，他们实际生活中总是面临语言使用和身份认同的两难困境：要么忽略自己的语言而采用强势语言，要么忽视强势语言并保持自己的群体认同而不管这种做法可能造成潜在的经济劣势。鉴于这种情况，要想所有受到影响的人们达成一致不会总是那么容易的。生物生态修复没有遇到这些困难：建造适合于物种需要的自然栖息地就已足够，如果栖息地的条件适合它们的生存与延续，那么物种就能毫无疑问地适应它。

事实上，在对人的情况下，实施有利于保持语言多样性的有效干预，这种可能性也十分难得，更不用说有效干预获得成功了。举例来说，一个大族群可能赞同采取政策保护濒危动植物，但他们也可能反对在国家控制区内保持语言多样性的行动，尤其是在该族群构成了这个国家主体的情况下。在语言保护领域，除了缺乏伦理意识（无论多小），还并行存在着一种意识形态和利益的领先优势，这种领先优势推进了其他群体的同质化和同化，而消磨了语言差异。

在语言方面，我们可以发现主体族群会拒绝帮助少数族群保持他们的语言。在这样的背景下，或许不可能有创造文化延续环境的行动，虽然弱势族群在积极要求，但他们无法掌控自己的社会空间，他们可能会发现，作为特殊的语言族群，已被判处了缓慢的、不可逆转的灭绝进程。

第三节　语言伦理学

一、伦理学

（一）伦理学的含义和类型

伦理学是以道德现象作为自己的研究对象的科学。道德现象是人类社会生活中的一种特殊而普遍的现象，而对这些现象的思考与反省，就构成了伦理学的雏形。伦理学是一门很古老的学科。在中国，人类的道德思考可以追溯到尧舜禹时代，而在西方，则可以溯源至古希腊《荷马史诗》时代。到公元前 4 世纪，古希腊哲学家亚里士多德首次创立了伦理学，他本人也因此被称为“伦理学之父”。

在亚里士多德之后，伦理学经历了漫长的发展，形成了三大主要类型，即规范伦理学、元伦理学和描述伦理学。

1. 规范伦理学

自伦理学成为一门独立的学科，到 20 世纪元伦理学出现之前，规范伦理学是伦理学的传统理论形式。规范伦理学主要侧重于对道德规范体系的研究，也就是说，规范伦理学以人的行为及其道德标准作为自己研究的核心内容，并主要围绕三个方面展开其理论：关于道德上的善和恶（道德价值）的问题，关于道德上的应当（道德义务）的问题，关于做人的标准（道德品德）的问题。从内容来说，规范伦理学研究的东西，最接近于我们平常对伦理学内容的理解。

2. 元伦理学

元伦理学有时又被称为分析伦理学，或批判的伦理学、伦理学的认识论、伦理学的逻辑。它于 20 世纪初在英国产生，随后在英美国家广泛流传并成为 20 世纪西方伦理学中占主导地位的伦理学理论。元伦理学的表现形式也不尽一致，但总的来说，元伦理学关注的重点在于从语言学和逻辑学的角度解释道德术语的意义，分析道德语言的逻辑，寻找道德判断的理由和根据。1903 年，英国哲学家摩尔发表《伦理学原理》一文。这被视为元伦理学兴起的标志。元伦理学的产生是西方学者对伦理学进行变革的尝试，它是建立在科学的基础之上的，这使得它与描述伦理学的经验基础有了很大的区别。所以，我们可以把元伦理学理解为“伦理科学的科学”，或者“伦理学的元理论”。这种伦理学虽然更加抽象，但它对于开阔伦理学的视野、丰富伦理学的研究内容，以及对道德理解的深化，提高伦理学研究的科学性、准确性，都具有不可磨灭的作用。元伦理学研究中讨论的主要问题，如道德概念本身的解释、道德判断功能的分析等，都可以帮助我们更深入地理解伦理学作为“道德之学”的意义和价值。

3. 描述伦理学

今天我们最常见的伦理学，大部分可以划归为描述伦理学。描述伦理学也称记述伦理学，是依据一定的研究方法对道德现象进行经验性的描述和再现。除了伦理学之外，社会学、心理学、人类学、民俗学等，也都涉及对道德现象的研究。伦理学和这些社会科学相互联系所形成的道德社会学、道德心理学、道德人类学、道德民俗学等，就是描述伦理学的主要形式。例如，20 世纪初，法国著名社会学家杜克海姆创立道德社会学，并明确提出道德社会学的研究对象是社会的道德事实。道德社会学主要运用社会学的各种研究方法，通过对社会与道德的相互作用的考察，研究社会道德的实际状况和发展趋向，而这正属于伦理学关注的范畴。作为处于交叉和边缘地位的新兴学科，描述伦理学正在逐步成为人们的认识焦点。

（二）伦理学的功能

1. 规范社会道德的标准

伦理学对于优良道德的讨论，对社会道德的标准具有规范作用。伦理学关注的问题，多与我们的品德有关。而在伦理学的讨论中，是否合乎道德的要求，就成为一个不可忽视的标准。通过对这个标准的讨论，何种行为是“合道德”的，就成为一个对社会具有引导作用的规范。伦理学的研究，是力图发现那些对社会发展和个人成就具有积极作用的因素，并把它们视为美德而加以颂扬，而对那些使人颓废、堕落，给社会发展起反作用的品行，则加以贬斥。这对社会范围内道德状态的发展具有不可忽视的规范作用。

例如，伦理学对说谎是不是恶行进行的讨论，就可以使我们深入思考关于美德的很多问题。按照通常的理解，说谎是一个不好的行为，因为说谎是欺骗。如果你的一个朋友对你谎话连篇，你对他的信任程度肯定会大打折扣。但说谎一定是坏的吗？我们应该怎样理解那些“善意的谎言”？苏格拉底在其著名的对话中，就分别列举了欺骗敌人、欺骗朋友交出自杀工具、首领为鼓舞士气欺骗士兵等若干复杂情况，并对这些情况下说谎的道德意义进行了深刻的剖析。这些剖析，可以使我们对说谎这一行为的道德内涵，有更加准确和深刻的理解。这对我们理解相关行为的道德意义有很大的帮助。现在，对于身患绝症的人，我们都能自觉地接受对患者的“善意的谎言”，而并不认为这种谎话是不可容忍的坏品德。

2. 为社会舆论导向提供尺度

伦理学对道德标准的研究，为社会舆论导向提供了尺度。在法制社会，法律无疑对规范社会行为、引导社会发展起着主要的作用，但这并不能取代道德对社会发展发挥的巨大作用。伦理学对道德标准的研究，使得我们可以更加清楚哪些行为是合乎道德的，哪些行为是需要谴责的，进而形成对社会舆论的影响力，为社会舆论产生导向性的作用。道德意识所形成的导向作用，对社会舆论的影响是巨大的。伦理学研究所设立的标准，就是将这种意识与我们的社会意识结合起来，形成以社会舆论为主要表现形式的“社会影响力”。

例如，关于生命和责任的关系问题，是伦理学讨论的一个重要话题。而由此讨论推出的“当我们负有某些特殊的使命时，我们不能以保护生命为理由放弃责任”的结论，使我们对某些行为是否合乎道德有了更为清晰的舆论导向。面对犯罪行为却临阵脱逃的警察、扔下学生自顾逃命的教师，都成为社会舆论“口诛笔伐”的对象，正是在这个意义上体现了伦理学的社会价值。我们讴歌英雄、赞美模范，也正是因为他们的所作所为和我们的道德标准相吻合。

3. 推动个人道德意识与社会环境相结合

伦理学对道德问题的研究，将个人道德意识与社会环境结合起来，为个人的道德养成提供了根据。伦理学研究的问题，主要体现为个人美德及其相关的方面。但从根本上说，人是生活在社会中的，所以，对于个人美德的探讨，也必然与社会环境的大背景紧密联系在一起。无论是对社会责任、社会良心的探讨，还是基于人的个性而进行的对人的价值追求的分析，都离不开“社会”这个基础。所以，人的道德养成，也必然在这个基础之上展开。

在谈到对未来社会的憧憬时，马克思和恩格斯在《共产党宣言》中给我们提出了一个很杰出的预测，我们所要实现的未来社会，“将是这样一个联合体，在那里，每个人的自由发展是一切人的自由发展的条件”。这种社会的实现，必然要求其社会成员在道德养成方面达到比较高的水平。个人的全面发展与社会的进步，在那里将实现完美的统一。就我们个人的成长而言，道德方面的提高是必然的要求。而了解和理解伦理学，正是给我们提供了实现这种提高的可能性。如果每个人都能实现这种成长，社会的道德就达到了全新的水平。

4. 推动社会实践的发展

伦理学对社会生活领域中的道德的研究，对推动社会实践也具有不可替代的作用。家庭道德、职业道德和社会公德，三者作为体现社会生活领域道德要求的主要形式，不仅在理论上有探讨的必要，在实践层面更对社会生活的改善具有重要意义。我们渴望幸福的家庭和美满的婚姻，也希望那些承担特殊使命的职业从业者能承担其特定的道德责任，更希望我们生活的社区成为一个倡导文明、崇尚礼仪的文明社区。而这一切的实现，都有赖于伦理学在实践方面的推动。试想，如果我们去医院看病，看到的却是因为钱没交够拒绝救死扶伤的医护人员的冷酷面孔；如果我们面临歹徒威胁，发现一个警察路过却视若无睹，我们会多么失望！这时候，我们并不认识这位医生或者警察，我们的失望，只是源于我们对于他们特定身份的伦理道德要求。伦理学会让我们更加清晰地明了我们的道德责任，也就能让我们更加自觉地去承担属于我们的道德担当！

（三）伦理学的研究方法

1. 归纳和演绎的方法

所谓归纳，就是将若干道德现象根据其表现的内容进行归类，从中发现具有一般意义的道德原理的方法；而演绎指的则是以伦理学的一般原理为基础分析道德现象的方法。这两种方法，方向相反，作用各异，在使用中也就有所不同。伦理学研究的开创者们，因为没有多少可以作为根据的理论，所以使用归纳法的时候就会多一些。而对于伦理学的学习者来说，更多的时候，我们要做的，是将学到的伦理学原理运用到我们的实践中去，是在生活中找到帮助我们认同或者反对某种伦理学观点的实际例子，所以我们会更多地使用演绎的方法。

2. 系统的方法

系统论是现代科学研究的重要方法，被称为“老三论”之一。将系统的方法用于伦理学的研究，就是要将道德现象作为一个系统，而将其中包含的道德活动、道德关系和道德意识等方面的内容，从整体性、综合性和最佳化的角度进行研究。而这三者又可以分别被视为一个子系统，进行进一步的细化。这种研究方法的好处在于将我们的研究对象进行了适当分解，这样我们的研究就能更加深入，不至于“雾里看花”，过于笼统。同时，对各个部分的研究结果进行综合和整体的分析，让我们既能深入地“窥一斑”，又能在总体上“知全豹”。

二、语言伦理学概述

根据上述内容可知，伦理是指在处理人与人、人与社会相互关系时应遵循的道理和准则，是一系列指导行为的观念。它深刻蕴含着依照一定原则来规范行为的深刻道理，包括人的情感、意志、人生观和价值观等方面。

语言伦理学的研究对象是语言、言语交际与道德伦理的交叉点，主要是语言和言语中的道德伦理问题，特别是其中的是非、善恶问题。语言伦理是在普通语言运用基础上提出的道德要求，是想要达到有效沟通对所有参与商谈的人提出的道德要求，包括陈述的真实性、态度的正确性、表达的真诚性。

对修辞的研究一直包含着伦理的层面。修辞是使用语言有效说服他人的技巧、技艺或艺术。修辞这种公共话语的伦理价值包括好的动机、对他人的善意、话语内容的真实性。如果背弃了这样的伦理价值，言论技巧就会成为一种不正当的修辞、一种为达目的可以无所不用的手段、一种不正当的诡辩。

说话技巧不可能与说话者的心态和目的分开，而说话者是否能以无私的心态和以利他的目的说话是很难确定的事。孔子说“质胜文则野，文胜质则史”，也就是文饰多于质朴，就会流于虚浮，说些漂亮的门面话，甚至引经据典装饰，缺乏真诚的心意。说话不能不借助修辞，但是过于借助修辞却会令人生疑，认为说话者由于不能以诚动人才特别需要依靠说话技巧；或者因为说话的动机、目的欠缺，才特别需要用修辞来掩饰。久而久之，修辞便有了巧言令色、论辩、强词夺理等负面含义。过分注重技巧的修辞，便成为一种有道德瑕疵的语言行为。

苏格拉底认为，话要说得好，必须是说话人心中对他所说的题目的真理已经有了认识。修辞学是这样一种技艺，无论在法庭、公共集会上或是私人谈话中，用言辞来影响人心，无论讨论的问题是大是小，只有正确地运用它才能受到尊敬。可是有些人却不是这样，他们运用修辞术可以将同一件事对一些人说成是，对另一些人说成非。公共话语常常被用作一种手段，甚至是不正当的手段。这样的话语不能说没有它自己的价值观，例如，为达目的可以不择手段、有效性高于一切、贯彻某人的指示、维护某种利益或制度等，都可以说是“价值观”。但是这样的价值观与合乎道德的公共话语伦理是相违背的。

第七章　语言学与当代英语语言教学

语言学的理论在对外语教学的指导方面具有重要的作用。语言学理论可以为语言教学提供有力的支持和启示。所以，教师对语言学知识进行一定程度的研究和掌握，对其语言教学效率的提升来说，会有很大的帮助。

第一节　语言学与语言教学

一、语言学与外语教学的关系

语言学与外语教学之间存在着紧密的联系。语言教师如果能够对语言学进行深入的了解和研究以及掌握更多的语言学知识，就能够从本质上对语言有更深入的理解，这样无论是在教学效果上，还是在语言的实际运用上，都是有好处的。甚至说，语言学是一种应该成为语言教师必须具备的基础知识的科学。

有些人认为，语言教师已经具有丰富的语言知识，对语言知识的掌握已经很熟练了，所以，没有必要在语言学上浪费时间和精力，语言教师应该把精力更多地投入到学习和提升教授语言的方式方法上面。其实这种观点是不正确的，一个语言教师，如果只懂得语言知识本身以及教授知识的方法，而没有对他们所传授的语言本身有更加深入的了解，都是不恰当的。无论我们研究语言学的目的是什么，对这些语言从内在本质上的了解，都是对教师的教学有很大的益处的。

著名学者麦克唐纳的观点是，对语言教学非常有好处的做法，就是对一些描写语言学的理论进行学习和研究，并在实践中将这些理论真正运用起来。原因在于，对语言学本身能够从本质上进行深入理解的教师，比那些仅仅依靠自己的经验和权威去教学，而从不涉及理论研究的教师，对语言的特点和问题能够说出更为有依据的解释，从而使他们在对某个问题进行观点表达时，能够更有权威性，也更有说服力。

对语言教师来说，他们仅仅孤立地向学生展示语言、语法、词汇等语言体系，是远远不够的。一个教师的作用不能仅仅局限于此，他们还应将更本质的、更完整的、更真实的语言展现给学生，让学生对更深层次的语言本质有更多的理解。可以说，语言学的理论在教师的教学中是不应缺少的重要部分。进一步说，教师需要从语言学的理论中获取更多的对自己的教学有益的知识，并将这些知识和研究成果真正的掌握和有效的利用，从而提升语言教学课堂的教学效果。

此外，语言教师还应该对语言学流派有这样的认识，语言学流派一直在变化，一直在发展，它们不是唯一的，也不是固定不变的，而且很有可能随时被其他的学派取代。所以，让自己成为一名语言学家并不是一个语言教师的目的所在，语言教师对语言学的研究，应该是为了在众多语言学流派中找到对自己的教学有帮助的内容，汲取最有益的成分，从而在实践中探索和寻找更好的教学方式。

二、基于语言学的语言教学法

（一）语法翻译法

语法翻译法是指通过翻译来对比母语与英语语音、词汇、语法之间的相同点和不同点，从而实现对英语的恰当掌握和运用。

1. 实施步骤

语法翻译方法主要基于教师，依靠教师向学生灌输英语知识和技能。在教室里，教师主要教书，学生主要做笔记。即使教师提出问题，学生回答的内容也是之前提到的规则。同时，语法翻译方法主要是使用母语，然后使用翻译来检查教学质量。一般来说，使用语法翻译方法主要有以下步骤。①复习教室内容。教学活动的内容通常是背诵课文或听写单词。②解释和分析新词。教师首先将新单词的发音教给学生，并要求学生反复朗读。熟悉单词后，教师会解释新单词并介绍其使用规则。③解释课文中的语法规则，让学生进行语法练习以巩固语法。④逐字解释文本，分析章节中的句子并翻译。⑤提出一些问题供学生回答，以检查他们是否掌握了课文内容。⑥简要回顾本课的内容并安排作业。

2. 利弊分析

语法翻译方法在英语课堂中的地位一直非常重要。许多大学教师仍然非常喜欢使用这种教学方法。但是，时代是在不断发展和进步的，这种教学方式，虽然有优点，但缺点也逐步显现出来。这种教学方式的优点是，学生能够通过这种方式，对词汇和语法知识有清晰的理解和掌握，对学生在翻译和阅读理解方面的能力的培养有很大作用。但是从另一方面说，这种教学方法也存在自身的不足。这种教学方式在形式上过于单一，对学生来说比较枯燥，学生很容易失去对英语学习的乐趣和热情。此外，这种教学方法没有涉及学生的发音和口语能力，从而导致学生的发音能力和口语能力较差。在交际能力方面，这种培养方式对学生来说也是非常不利的。

（二）直接法

直接教学法，是指在教学和学习的过程中，不对母语有依赖，而是在思想的层面上与英语进行直接的链接和构建。这种方法同样是有利也有弊的。

1. 实施步骤

①陈述学习目标，对即将授课的内容进行导入，使学生对内容和目标有更加明确的认知和大概的了解。②已经传授过的知识和技能，要及时帮助学生进行复习，从而使学生能够有效和牢固地对内容进行掌握。③对新资料要及时和全面地进行呈现，使学生的知识系统能够保持更新和发展的状态。④对学生的学习情况进行探测，为学生提供更多的独自练习的机会。⑤及时地给学生反馈。反馈的形式多种多样，可以是对学生在课堂上的表现的回应和评价，也可以通过其他的形式，在课下为学生的表现给出自己的意见和反馈。尤其是对学生的鼓励非常重要，因为及时的鼓励可以帮助学生建立自信心，也可以帮助学生提升学习兴趣，还能帮助学生及时发现自己的优势和不足。教师在与学生的互动和交流之中，也能加深对学生学习情况的了解和掌握，进而改进自己的教学方式和教学内容，提升教学效果。

2. 利弊分析

直接教学法也存在明显的优缺点。

首先，直接教学法侧重于语音教学和口语教学，并掌握了英语教学的精髓。在直接法教学中，教师将使用各种直观的教具来呈现教学内容，这些内容与学生的实际生活密切相关。他们可以使用更生动的教学方法进行教学，大大提高了教学质量和效率。同时，直接法有助于培养学生的口语能力和外语思维能力。另外，直接教学法被用来专注于实践。通过让学生在特定的实践中使用语法知识，有助于发挥语法在英语教学中的作用。

其次，直接教学法也有其自身的不足。原因是，直接教学法在处理和理解英语教学中的各种问题时往往趋于单一和简单，因此不足之处也变得显而易见。例如，过分强调外语使用而忽略了母语的含义；过分强调机械模仿和记忆的重要性，而忽略了语法的作用；过分强调直觉式教学，但不适合中高级程度的学生；它针对不同的学生具有不同的英语学习特点；口语和书面语言之间的关系处理不科学，听、说、读、写彼此之间的关系处理不善。

（三）听说法

听说教学法又称为“句型教学法”，是指以句型为中心，对学生外语思维能力进行培养的一种教学方法。

1. 实施步骤

听说教学方法是基于行为心理学的，被外国学者称为“第三代外语教学法”。听力和口语方法将语言技能分解为听力、口语、阅读和写作技能，并且至今仍在使用。当今的英语教学要求仍然可以发现听力和口语教学方法的影子。听说教学方法以机械练习为主，所以教师会在教学中尝试用英语讲解，并使用一些音视频辅助设备，使学生可以继续模仿和练习，从而提高学生的语言运用能力。

大部分情况下，运用听和说的方法来组织教学主要涉及以下步骤。①使用音频、视频和其他辅助设备向学生介绍背景知识。在听和看时，教师用英语介绍内容。②安排对话活动，可以是师生之间的对话，也可以是学生之间的对话，以便学生可以练习所学到的东西。③给出句子结构，并安排学生不断练习句子结构。④播放多段录音和视频，以使学生记住对话或章节的内容，并最终使他们能够重复或背诵所听到的内容。⑤复习本节中的课程内容并安排作业。

2. 利弊分析

听说这种教学方法具有划时代的意义，在当今的英语教学改革中受到许多教师的青睐。但是，这种教学方法也有其优点和缺点。首先，听说教学法在培养学生的应用能力，尤其是口语能力方面起着重要作用。另外，在英语教学中，听说教学法中的句子模式训练法早就已经被广泛采用，对当今的英语教学来说仍具有重要的意义。其次，听力和口语教学方法过分强调训练学生的听力和口语技能。这种机械训练很容易使学生失去主动性和热情。同时，听说能力的培养也使学生放松了读写能力的培养，这不利于学生综合运用能力的培养。

（四）视听法

与听力和口语教学方法类似，视听教学方法也基于行为心理学理论，并将英语概括为“刺激—响应—强化”过程。换个角度来讲，视听教学法是利用录音、幻灯片图像等来激发学生的视听感，然后让学生做出模仿反应并加以强化，从而不断成为学生的自动化习惯。

1. 实施步骤

实施视听教学方法有助于提高学生的英语学习热情和主动性。具体来说，视听教学方法包括以下步骤。①上课前，教师要求学生预览本课要教授的知识，并提前将要模拟的案例材料告知学生。②创建一个尽可能接近真实场景的情况，以便学生进入场景后会立即感觉到自己在场景中，并且可以快速进入角色。③分配角色，包括独白和场景中的各种特定角色。④情景模拟，学生对情景进行完整的模拟。⑤模拟后，教师对学生的表现进行评论，充分了解学生的表现，指出学生表现的不合理之处，并与学生讨论如何做得更好。

2. 利弊分析

在当前的英语教学中，视听教学方法具有重要的意义。

首先，视听教学法有助于激发学生的积极性和主动性，增强学生的求知欲。在教学中，教师根据课堂内容设计特定的场景，让学生亲身体验这些场景，有利于学生积极参与教学，加深了学生对课程内容的记忆。同时，在设计场景时，教师可以提出一些有趣或具有挑战性的主题，以鼓励学生发挥想象力，从而增强他们的参与热情。

其次，视听教学法有助于建立学生的主人翁意识，并将英语学习从被动学习转变为主动学习。视听教学法的重点是关注学生，而教师则处于主导地位。因此，在设计时，我们还要从学生的学习规律和兴趣出发，结合课堂内容进行体验式学习。

第二节　语言学与教学大纲的设计

一、外语教学大纲的要素

一般来说，外语教学大纲中的要素包括以下几个方面。①教学目的。它是对课程结束后获得的预期教学结果的描述。②教学要求。具体来说，它描述了学习者需要掌握的知识内容和学习技能，并根据这些内容和技能实现了预期的教学目标。③教学中的非语言能力。具体来说，包括情感态度的培养、思维能力和人际交往能力的提高、文化素养和意识的提高。④教学内容。具体是指词汇和语法知识；听、说、读、写、翻译能力；功能和思想；话题；文化知识。⑤教学实施。具体指教材和课外教学资源的教学理念、步骤和建议。⑥教学评估。这方面是指评估的主题、评估的对象、评估的进行方式以及评估在教学过程中的最终目的。

二、外语教学大纲设计的趋势

（一）传统教学大纲与新式教学大纲并存

虽然外语教学历史上出现了各种不同的教学大纲，但到目前为止传统的教学大纲并没有被废弃，如当前世界上很多国家使用的依然是传统的结构主义教学大纲；新的教学大纲由于其历时不久还没有得到大范围的使用，如任务型教学大纲。可见，当前外语教学大纲呈现出一种新旧方式并存的状态。

（二）新式外语教学大纲中出现非语言目标

新式外语教学大纲中出现了“非语言目标”的内容，这是与传统教学大纲的不同之处。所谓非语言目标，即情感态度、思维能力、学习方式、学习策略、人际交往、文化意识等方面的培养。出现这种教学大纲的原因是，外语教学作为一门教授学习者语言知识的学科，不仅要帮助学习者提升自身的语言知识、技能水平，而且还需要发展学习者的智力、情感、学习能力、文化素养等方面，达到全面发展的目的。

第三节　语言学与语言测试

一、语言测试的意义

（一）教学功能

语言测试作为终结性评价的主要形式之一，在教学过程中起着非常重要的作用。语言测试可以为分级教学、分班教学、因材施教提供必要的依据。语言测试的反馈信息除了可以帮助学习者和教师提高语言学习水平和教学水平外，还可以为家长使用。家长能够通过语言测试的结果更好地了解学校外语课程的设置和质量，督促子女学习。

（二）选拔人才

有些语言测试具有选拔人才的作用。例如，想要出国留学的学习者必须通过托福或雅思的考试。从这个意义上来讲，托福考试或雅思考试成了选拔人才的考试。我国的高考英语规模性大，且考查的英语知识和能力范围全面，学习者英语水平的高低影响着其可以选择的大学的级别。

（三）教学研究

语言测试还为教学研究提供了第一手的数据和资料。实验法是教学研究常用的方法，实验前和实验后都会用测试的形式去获取教学研究需要的数据和资料。例如，在研究某种教学方法的使用效果时，在这种教学方法使用之前，会针对性地对学习者某些方面的语言知识或技能进行测试，获得研究初期的数据。在运用此种教学方法一段时间之后，再次对学习者进行语言测试，获得研究中期的数据，最后通过两组数据的对比，分析差异，得出结论。

二、语言测试的反拨效应

自从 1993 年奥尔德森发表文章《是否在考试中应用反拨效应？》以来，关于考试反拨效应的研究成为近三十年来语言测试界的重要研究领域。一些语言测试专家和学者纷纷撰写著作或文章探讨考试的反拨作用，也开辟专栏对考试的反拨作用进行了讨论。考试反拨效应，简而言之，就是指考试对教与学所产生的影响。考试的反拨效应可能是正面的，也可能是负面的。近年来，关于考试反拨效应的研究大致可以分为两个领域：一个领域集中在对传统测试手段、多项选择测试方法和大规模测试等的研究上面，这些研究结果往往表明测试带来的反拨效应是负面的；另一大领域主要研究如何通过改进某一项考试来获取正面的反拨效应。

三、语言测试伦理

语言测试中的职业精神和伦理问题以前常常被忽视，而现在则成为众多语言测试专家和学者们所关注的一个焦点。《语言测试》和《语言评估季刊》分别开辟专栏讨论这个问题。语言测试必然涉及伦理和公平性问题。关于这一问题的研究和讨论涉及许多层面，其中包括考试的权力工具属性、考试的公平性、行业的行为准则、考试设计开发者的责任等。汉普 - 里昂斯认为考试是一种政治行为，它是权力施行的一种形式。肖哈米指出考试是权力的工具，并且列举了六大理由来说明这一观点。

语言考试常常被用作测试语言能力之外的目的，比如为移民政策服务，为职位选拔服务等。另外，涉及考试偏颇的研究也越来越受到关注。语言测试界对考试设计和开发者的责任问题存在不同观点：一种观点认为测试人员应该承担包括考试使用在内的一切社会责任；而另一种观点认为测试人员的责任只能在理性的限度内。而肖哈米则认为应该将所有风险承担者都纳入决策过程中来，这样可以使大家共同承担责任。此外，制定语言测试行业规范是语言测试界一直进行着的工作。目前国际上存在两大语言测试道德行为准则：一个是国际语言测试协会道德准则以及行为准则草案；另一个是欧洲语言测试协会行为准则。然而要制定出让所有考试设计者和从业者以及相关各方都能接受的准则却并非易事。巴赫曼的测试用途论证框架（Assessment Use Argument，AUA）是语言测试领域目前较有影响的理论成果。

这一理论以托尔明的实践推理结构为基础，将测试结果的解释、依据结果所做的决定以及测试的使用等环节衔接了起来，为语言测试的设计与开发以及测试结果的解释和使用提供了理论和实践上的框架。每一个方框代表一个结论，每个结论都是下一个结论的理据。方框之间的双向箭头表明这一框架的推理过程可以是自上而下的，也可以是自下而上的。对于测试设计者和开发者来说是自上而下的，因为他们首先关注的是测试开发可能会产生的结果以及这种结果在多大程度上能让相关风险承担者受益。接下来他们需要考虑做出的决定是否体现一定的社会价值观、是否平等。然后他们需要考虑测试结果的解释以及这种解释在多大程度上是有意义的、对于受测者来说是公平的、结论是具有代表性的、与所做的决定是密切相关的、证据是充分的。最后，他们需要考虑如何保证测试结果（或分数）的一致性。而对于测试使用者来说，则需要进行自下而上的推理和论证过程。托尔明认为，AUA 不仅为测试开发和设计者提供参考，更是为某项测试的使用者提供了一个有效而明晰的框架。他们可以利用这个框架来收集证据，以证明测试结果的解释和使用准确无误。

四、语言测试的分类

（一）按照测试用途划分

1. 成绩测试

成绩测试的基础在于外语教学内容，目的主要是测试学习者对外语教学大纲要求的内容和测试内容的掌握情况，一般的期中测试、期末测试都属于这一类别。

2. 水平测试

水平测试主要测试的是学习者的语言能力，而不是对教学内容的掌握情况。通过水平测试，教师可以判断学习者达到了什么水平，从而确定他们能否对某一项任务胜任。雅思考试、托福考试就属于水平测试。

3. 诊断测试

诊断测试是在学习者已经学习了一段时间之后，对学习者从开始到目前为止的学习情况进行测试。这一测试有助于诊断学习者某一方面的知识，并对自己学习中的错误情况进行修正。因此，诊断测试的侧重点在于学习者在哪些方面出现了错误，并通过评价来不断探寻解决的方法。

4. 潜能测试

潜能测试主要是对学习者的潜能和天赋进行测试，其测试主要关注的是学习者是否具备学习英语的天赋。

（二）按照学习阶段划分

1. 分级测试

分级测试主要是指学习者入学之后，对他们进行系统、全面的考查。这一测试的主要目的是帮助教师了解学习者的语言水平，确定教材的难易程度等。

2. 随堂测试

随堂测试主要指的是教师完成一节课的教学之后，对学习者进行的小型测试。这一测试的内容一般较少，时间也比较短，目的主要是测试学习者在本堂课的学习情况，当然采用的形式可以是拼写、听写、填空、翻译等。

3. 期中测试

期中测试主要是指在学期之间对学习者的学习情况进行的测试。这一测试可以给学习者营造一种阶段性的心理感觉，让学习者对这一阶段的学习形成全面性、系统性的总结和回忆。期中测试的内容需要建立在随堂测试的基础上，对该阶段教学的重点进行测试，同时还要求与教学大纲相符合。

4. 期末测试

期末测试是建立在教学大纲的基础上，能够将整个学期学习者的学习内容反映出来的一种测试形式。一般来说，期末测试既是为了促进学习者巩固自己的所学，又是为了评定整个学期的教学效果，还是对下一个学期的教学内容进行安排和调整。另外，期末考试的内容并不需要完全按照教科书来进行设计，往往需要对学习者知识的掌握情况以及知识的运用能力进行考查。

五、语言测试的原则

（一）方向性原则

语言测试应遵循方向性原则，即在测试中应保证价值取向正确，这是实现语言测试有效性和可靠性的关键层面之一。如果语言测试与正确的价值取向不符，甚至发生偏离，那么语言测试的方向也就会严重偏离，也就使外语教学达不到预期的目的。遵循方向性原则意味着语言测试设计者和教师要树立正确的价值观、评价观，对语言测试有一个清晰的认识，即测试关注的是外语教学过程能否获得进步和发展；知识与技能、情感与价值观、过程与方法是否满足了个人和社会的教育价值需要。

（二）客观性原则

语言测试的客观性原则是指测试中不能主观臆断，而应该实事求是，不能掺杂个人的感情。客观性原则是语言测试的重要原则之一。在外语教学各项工作中，语言测试具有很强的科学性。一般来说，语言测试是否客观往往对外语教学效果产生直接的影响。如果语言测试结果是客观的，那么就有助于促进外语教学目标的实现；如果语言测试的结果不客观，那么外语教学就会背离预定的目标。因此，语言测试中必须坚持客观性原则，即要根据一定的教学目标来确定测试的标准，并结合多重因素，考虑该标准是否能够得到人们的认可。当测试的标准确定之后，任何人不得更改，这样就能较好地体现客观性原则。

（三）按照评分方式划分

按照语言评分方式，可以将语言测试划分为客观性测试和主观性测试这两大类型。

1. 客观性测试

客观性测试的主要特点是评分准确，不受其他主观因素的影响，答案是固定和统一的，不论是机器阅卷，还是教师阅卷，得分都是相同的。客观性测试主要有判断题、单项或多项选择题以及配对或连线题，但这样的题型构成有其不足之处，比如学习者的分析、概括、提炼、表达等能力无法清晰地体现出来。

2. 主观性测试

主观性测试也应在语言测试中占有一定的比例。这里所说的主观性测试多指测试的结果与评分人的主观因素有关。例如，在语言测试中的写作部分，不同的评分者可能会由于自身的英语水平、兴趣、爱好、情感状态等的不同而得出不同的分数，这也是与客观性测试相比，主观性测试的不足之处。但是，主观性测试能够很好地体现出学习者归纳、总结、组织语言的能力。因此，要使语言测试更加公正、客观、有效，就要合理分配客观性测试和主观性测试的比重，二者有效结合，提高语言测试的质量。

（四）按照测试方式划分

按照语言测试的方式进行划分，可以将其分为综合式测试和分离式测试。

1. 综合式测试

综合式测试主要考查的是学习者的语言综合运用能力，主要题目类型包括完形填空、阅读理解、写作等。完形填空题型是在一个完整的语篇段落中，选取某些与上下文联系紧密或包含重点词汇的句子或对话，抽取若干词汇，留下一些空格，学习者要通过对语篇大意的理解和分析，在多个词汇选项中选出正确的词汇。阅读理解题型考查的是学习者综合分析、概括和提炼重点信息的能力，在多个选项中选出符合文章表达的选项。写作题型要求学习者以书面的形式，综合运用词汇、语法等语言知识，根据特定的话题或主题流畅地表达出自己的观点或态度。

2. 分离式测试

与综合式测试不同，有人认为语言是由多种语言成分构成的一个系统，掌握了各种成分后就掌握了这种语言。因此，分离式测试就是考查学习者对语言中各个成分的掌握和运用，测试中的每个项目都针对一种语言知识或语言技能进行集中考查。例如，单项填空题就属于分离式测试。

（五）全面性原则

全面性原则是反映语言测试规律的一项重要原则。所谓全面性原则，是指在确定语言测试标准并使用语言测试标准时要注重全面性。我国的教育方针、语言测试规律都决定了语言测试要具有全面性。具体而言，可以从如下两点着手。

①教师在设计教学评价时，应该与教育方针相符合。我国当前的教育方针

是使学习者能够在德、智、体等层面都得到综合发展，因此教师在设计语言测试题目时，不仅要注重教书，还要注重育人。

②教师在设计语言测试时，应该遵循外语教学的规律，使语言测试不仅保持全面性，还能保持客观性。只有这样，才能保证语言测试更合理，也才能推动外语教学向前发展。

（六）激励性原则

激励性原则是指语言测试中应该发挥被测试者的积极性和主动性，从而提升外语教学的质量。在语言测试中遵循激励性原则具有必然性。具体来说，可以从以下三点着手。①使测试者与被测试者提高对语言测试的认识，使他们主动参与测试。②语言测试必须客观、公正、全面，能够将优劣加以区分，对先进的个人予以表彰，使被测试者能够看到自己的进步，同时也能分析出自己的差距。③制订语言测试指标时应与被测试者相适应，如果测试指标过高或者过低，都不利于被测试者的学习，也起不到激励的作用。

（七）针对性原则

语言测试具有明确的针对性，其往往是针对外语教学中的具体问题进行的。对于教师和学习者而言，如果一堂课进行得非常顺利，师生之间也配合得较为默契，那么进行语言测试可以帮助教师和学习者总结经验；如果一堂课进行得不顺利，出现了较多的问题，那么进行语言测试有助于帮助教师和学习者解决教与学的问题，便于之后克服这些问题。

（八）参与性原则

学习者是学习活动的主体，也是语言测试的主体，因此学习者要参与到语言测试的设计和制订中。学习者参与的方式能有效提高语言测试的真实性和有效性，同时提高英语学习的热情，在参与的同时加强对自身英语学习过程的反思和总结，更有针对性地加强薄弱环节的训练，实现各方面的综合发展。

六、语言测试的结果分析

（一）信度

在语言测试中，信度就是一致性。用信度系数表示的信度并不能直接反映测量结果的误差，必须结合受考的分数分布情况，才能知道测量的误差到底是多大。因此，它自身并不是测量结果精确程度的客观绝对指标，而是紧紧依赖于受考样本的。用标准误表示的信度则直接反映测量结果的误差。经典理论的标准误，由于是信度系数的函数，依赖于受考样本。概化理论中的标准误依然依赖于受考样本。强真分数理论和项目反应理论中的测量标准误独立于受考样本，是测量结果精确程度的客观绝对指标。现代教育和心理测量学中倾向于淡化甚至取消信度系数这个概念，而强调使用标准误这个概念。

1. 信度的分类

（1）稳定性信度

稳定性信度，是指语言测试结果的跨时间的一致性程度，即使语言测试进行的时间、场合不同，其结果应该大体上是一致的。为了考察在不同时间语言测试结果的稳定性程度，往往需要间隔一周到两周的时间，然后再进行重复的测试。因此，稳定性信度又被称为“重测信度”。

尽管教育和心理测量的结果很难达到等距量数的水平，但是，一般假定测量的结果是等距量数。因此，跨时间一致性信度系数一般用“皮尔森积矩相关系数”进行估计。使用时应满足的条件如下所示。

①所测量特质必须是稳定的。为了保证这一条件的满足，两次测量的时间间隔不能太长。如果受考是孩子，间隔的时间应该更短，以最大限度地减小成长发育对于信度的影响。一般说来，对于成人的测试，两次的间隔最好不要超过 6 个月，对于儿童，两次测试的间隔最好不要超过 1 个月。

②遗忘效应和学习效应基本抵消。由于我们的测量对象是人，而人是具有学习性的。一份试卷做过后，不可避免地会产生一定的学习效应。因此，第二次测量的时间要选得适当，好使遗忘效应和学习效应相互抵消，同时还要保证成长发育效应不能显著地影响第二次测量。

③差异学习效应可以忽略不计。在两次测量期间，受考在所测量的特质上难免获得一定的学习和练习。如果每个受考由于学习和练习在所测量特质上获得的增益一样，当然不会影响信度系数。但是如果每个受考获得的增益不一样，特别是他们之间的学习和练习机会差异较大；或者，有些受考习惯于记下自己不会的题目，在考完试后求助于参考资料或者教师、同学，而有些受考则不然，考完了就算了，不再想考过的题目，所有这些，都会严重影响重测信度系数。

此外，由于教育和心理测量很难完全测量出受考的特质，而只能抽取其中的部分样本加以观察测量，当然抽样误差是一个非常重要的误差。不幸的是，跨时间一致性信度并不能反映抽样误差。因此，一般很少使用。报告信度时应提供的信息：由于跨时间一致性信度具有以上特点，在报告这种信度系数时，除报告团体对分数的平均值、标准差和信度系数值进行观察之外，还要说明两次施测之间的确切时间间隔，以及这段时间内受考所有的可能与所测内容有关的经历。

（2）复本信度

所谓复本信度，是指等值的语言测试复本间的一致性，该信度主要解决两个等值复本或多个等值复本间是否是真正等值的。使用该信度的困难就在于受考本身的特质状态很难在间隔较长的不同次测试中保持恒定或者同步变化，而且同一份试卷多次使用也很难保证受考的动机不受影响。版本一致性信度可以在一定程度上缓解以上矛盾。由于采用同一测试的不同版本的等价试卷，选择两次施测间隔的自由度增大便于控制学习效应和学习差异效应，同时也缓解了受考的动机问题。如果构卷方法适当，也就包括了抽样误差。

一般来说，对复本信度进行确定的步骤与上面的计算稳定性信度的方法有些相似之处。①给同一组被测试者两个测试复本，但两次测试间最好间隔较短，或者没有时间间隔。②得到被测试者的两次测试的分数，计算两个复本间的相关系数。

复本信度，是同一测试的不同等价或者平行试卷间的一致性程度的量度。如果不同版本试卷前后连着施测，版本一致性信度是单纯的版本间一致性的量度；如果不同版本试卷前后间隔一定时间施测，版本一致性信度是稳定性和版本间一致性的综合量度。

使用时应满足的条件：同一测试的不同版本试卷应该是真正意义上的平行试卷。从本质上看，平行试卷应该是独立构建的满足同一细则的不同试卷。他们应该由同样多的项目组成，项目的形式应该相同，项目所覆盖的内容类别相同，项目的难度分布也应该相同。试卷各部分的时限、说明性例子、形式以及施考过程的指示语等都要相同。

报告信度时应提供的信息：和跨时间一致性信度一样，在报告这种信度系数时，除报告团体观察分数的平均分、标准差和信度系数值之外，还要说明两次施测之间的确切时间间隔，以及这段时间内受考所有的可能与所测内容有关的经历。

（3）内部一致性信度

内部一致性信度的关注点并不在于被测试者在测试分数上的一致，而是着重于语言测试题目之间在功能上的一致，即语言测试题目的同质性。并且，在语言测试次数上，稳定性信度和复本信度需要测试两次，而内部一致性信度只需要测试一次即可。在语言测试中，信度是核心概念之一。

尽管版本一致性信度克服了跨时间一致性信度的很多局限，严格的平行试卷是很难实现的，于是人们尝试用一份试卷、一次施测获得的测量结果估计信度系数。因此，人们研发了内部一致性信度。它是教育和心理测量中使用最多的一种信度，也是形式最多的一种信度。

内部一致性信度只是一种习惯叫法，从本质上讲，只有在项目的数量固定时，才能把它看作内部一致性的量度。最好是把试卷的长度缩短为一个项目时，这种信度才是内部一致性信度。由多个项目组成的试卷的信度，实质上是在内部一致的程度下，以及在一定条件下标出抽样误差大小的信度，所以，随着试卷长度的增加，信度也在提高。这里，笔者只介绍几种最常用的内部一致性信度。

①分半信度。把同一次测量所用的试卷按照不同的规则分成相等的两个部分，然后计算一组受考在两个部分上的测量结果间的相关系数，就得到了分半信度系数。

对同一试卷分半时，应该考虑焦虑因素在考试开始、中间和结尾时的不同效应，累积热身效应、练习效应、疲劳效应等的影响。通常采用奇偶数分半法，把题号为奇数的项目分为一半，把题号为偶数的项目分为另一半。在语言的段落阅读、段落听力和对话听力测试中，如果一个段落或者对话有几个问题，一般应把整段或整个对话涉及的问题同时要么分给这半，要么分给那半。分半信度的一个显著特点是：有多少种分半方式，就很可能有多少种不同的信度值。

报告信度时应提供的信息：在报告信度系数时，最少要报告分半方式、团体观察分数的平均分、标准差以及校正后的信度系数值。所谓的内部一致性信度，实质上是内部一致程度在一定条件下的抽样误差的量度。分半信度作为内部一致性信度的一种也不例外。由于分半，试卷的长度缩短为原来的二分之一，等于样本缩小了一半，这样估计的信度必然低于整卷的信度，因为样本缩小了一倍，在其他条件不变的前提下，测量的误差必然增大。

②克伦巴赫 α。这是美国心理测量学家克伦巴赫在 1951 发表的一篇题为《α 系数与试卷的内部结构》的论文中提出的。今天，它不仅是众多内部一致性信度中使用最多的一个，也是全部信度系数中使用最多的一个。克伦巴赫 α 占所有信度系数使用率的 66.5%，其余的 8 种信度系数和未指明的一起才占 33.5%。可见它的通用性。

如果把同一次测量所用的一份试卷分成所有可能的两个相等部分，计算一组受考在每两个可能部分上的测量结果间的内部一致性信度系数，然后再求出所有这些内部一致性信度系数的平均值，这个平均值就是用整份试卷测量时的

克伦巴赫 α 信度系数。

有学者发现，只有当构成试卷的所有项目都具有相同的真分数（无误差分数），克伦巴赫 α 才等于同样条件下测量结果的信度。用通俗的话说，只有当每道题目都一样难时，克伦巴赫 α 才等于测量结果的信度。也就是说，在一般情况下，其他的内部一致性信度（例如，分半再扩展到全卷的信度）应该大于克伦巴赫 α。但是，由于测量的误差源是多种多样的，即使我们采用克伦巴赫 α 作为信度系数的估计值，也可能高估实际的信度。和报告信度系数值一样，报告克伦巴赫 α 时，最少要报告分团体观察分数的平均分和标准差。

（4）评分者间一致性信度系数的估计

如果测试理论和实践都揭示一种测试的主要误差来源于不同的考试时间时，宜采用跨时间一致性信度；如果测试理论和实践都揭示一种测试的主要误差来源于抽样或样本的代表性时，宜采用内部一致性信度。但是，如果测试的理论和实践揭示一种测试的误差来源主要是评分者之间的打分差异时，那么，跨时间一致性信度和内部一致性信度都不能刻画这种主要的误差源。它们漏掉了误差的主要矛盾，这自然是不可取的。为了抓住主要矛盾，教育和心理计量工作者研发了评分者间一致性信度。在经典真分数理论中，评分者间一致性信度一般用肯德尔和谐系数来刻画。如果只有两个评分者，可以根据情况用皮尔森积矩相关系数或斯皮尔曼等级相关系数来刻画。

2. 不等误差信度理论

不等误差信度理论是教育和心理测量的信度家族中较晚加入的成员。由于和不等误差理论对应的测量理论对测量的真值都有一个较强的假定，因此，这种测量理论也叫强真分数理论。为了使强真分数理论中的成员有所区分，通常把其中的一类叫强真分数理论，另一类叫项目反应理论。本书也采用这样的分类，以有所区别。这两类测量理论中的信度理论有两个显著的特点：①都用测量的标准误来定量刻画测量结果的精确程度；②都假定观察结果相同，测量误差也相同，或者，不同的测量结果有不同的误差。

（1）强真分数理论中的信度理论

强真分数理论是一种非常复杂的测量模型，迄今为止，由于计算上的复杂性，导致其实用性很差。可是，其中的两个具体模型却因为其简单、直观且易行，很受教育和心理测量应用界的欢迎，特别是受到标准参照测试理论界和实践界的欢迎。这两个模型就是二项分布模型和超几何分布模型。

二项分布模型假定一个试卷或者试卷的某个部分的所有项目都是等价的，

而且是它们所测量领域的所有可能题目的随机样本为无限多，或者因为很多而可以看作无限多。这样，如果我们能让每个受考把所有可能的题目做一遍，而且在做的过程中他们每个人的心理状态和身体状态都恒定不变，而且对会做的题目就一定做对，对不会做的题目就一定做错（即没有任何猜测效应），那么，每一个人做对的题目个数，或者做对的题目个数占总题目个数的比例，就是他们各自在所测量特质上的真值或真分数。

但是，由于各种原因，这么做显然是行不通的，我们不可能让每个受考都做这么多道题目。于是，二项模型假定，我们每次从这大量的可能项目中随机地抽取一定数量的样本构成试卷或者试卷的一个部分，用受考做对该样本中题目的数量或者做对的题目数占全部样本题目个数的比例作为受考的观察分数，用二项分布标准差的样本估计量作为得这个分数的受考的测量误差。这个标准差也就是二项分布模型中的测量信度，它在理论上和应用上都等价于经典真分数理论和概化理论中的测量标准误。

在教育和心理测量学史上，题目个数分及其误差模型是 20 世纪 50 年代初由劳德提出的，而答对题目个数占题目总个数的比例分及其相应的模型是 20 世纪 80 年代以后才出现的。在统计学性质上，上面两种分数及其相应的误差没有任何差别；从实用性上讲，两者也没有任何差异。但是，如果我们测量理论建设的目标是实现客观测量，比例分数及其相应的误差模型显然优于题目个数分数及其相应的误差模型。就分数而言，比例分数不因题目多少而改变，80 道题答对其中的 40 道和 150 道题答对其中的 75 道都得 50%的分；而题目个数分数就不然，题目数越多，分数就越高，80 道题目答对 40 道得 40 分，150 道题目答对 75 道得 75 分。如果所用的每道题目都是等价的，对于同一个受考，他在等价题目上的成绩在没有测量误差的条件下应该是一样的。就测量误差而言，题目个数分数的抽样检验误差随着样本的增大而增大，而比例分数的抽样检验误差随着样本的增大而减小，显然更符合抽样检验的一般逻辑，即样本越大，对总体的代表性越好，误差当然应该越小，而不是越大。

如果一个受考考一份由 80 道题目构成的试卷，做对了其中的 40 道题目。按照题目个数分的规则，他的观察分为 40，测量误差约为 4.5。如果让他考一份等价的由 150 道题目构成的试卷，做对了其中的 75 道，他的观察分数为 75，测量误差约为 6.14。这样一来，该受考的水平未发生变化，而作为水平量度的分数却增加了近一倍。同时，样本增大了，误差也增大了！若改用比例分数，则这个受考在两份等价试卷上的成绩都是 0.50 或 50%，不过在 80 道题那份试卷上的误差约为 0.056 或 5.6%，而在 150 道题目那份试卷上的误差约为 0.041

或 4.1%。水平没有变，在等价试卷上的成绩也没有变，而且样本增大了，误差减小了。这样既符合一般客观测量的逻辑，也符合抽样理论的逻辑。

（2）项目反应理论中的信度理论

项目反应理论中的项目反应函数或者项目特征曲线中，都有一个变量，它叫作潜伏能力。项目反应理论的理论目标，就是根据观察到的项目反应数据估计受考的潜在能力。那么估计这个潜伏能力时的误差是怎么刻画的呢？关于这个问题的解答，就是项目反应理论中的信度理论或测量误差理论。

为了刻画潜伏能力的估计误差，现代项目反应理论引进了项目信息量的概念，并通过项目信息函数（information function），把项目信息量和受考的潜伏能力联系起来，使项目信息量成为受考潜伏能力的函数。同样一个项目，对于不同潜伏能力的受考有不同的信息量。由于项目信息函数定义的理论根据比较复杂，项目信息量定义的文字描述：一个项目对于有给定潜伏能力的受考的信息量，等于该项目反应曲线对应于该能力点处的斜率（或变化率）的平方，除以具有该能力的受考对该项目做出正确反应的概率和错误反应的概率之积。

我们可以进行误差控制下的测量，即事先根据测量精度的要求，确定一个临界误差值，当测试的误差等于或者小于这个临界值时就停止测试。根据公式，我们可以根据一个受考的潜伏能力的暂时估计值挑选对于该受考信息量最大的项目，以用较少的项目得到较多的总信息量。这样，一方面提高了测量的精度，另一方面还节约了项目和测试的时间。项目反应理论的这些特性，使它成为当今计算机自适应测试的受选模型。但是，项目反应理论每一步的计算量都非常的大，一般都要借助专业软件才能完成。

3. 项目区分度对信度的影响

（1）评分员的数量对信度的影响

这里评分员的数量，指的是独立重复评阅同一道题目的评分员的人数。显然，如果用几个评分者的平均成绩作为最后成绩的话，在评分员评分质量不变的条件下，评分员越多，误差就越小，信度也就越高。这就是为什么重大比赛要请 5 ~ 9 个评分员（评委），并用他们的平均打分（通常取掉最高分和最低分）作为成绩的原因。这其中的道理和题目越多，误差越小是一样的。只要我们换个角度，把每个评委的独立打分看作一个独立题目的得分，把平均分看作项目平均分，评分员的个数就转换成了题目的个数了。注意，我们的前提是评分员评分质量不变。加强评分员的培训工作，不仅能够加强他们的责任感和使命感，而且能够提高他们对于评分标准的统一认识，从而缩小不同评分员之间的误差和同一评分员评分的前后不一致现象，在可能的条件下把误差控制到最小。

（2）施测情景对信度的影响

这里，测试情景指的是广泛意义上的情景。其中包括施测时间、施测程序、考场纪律、监考须知、评分标准、评分人员等。根据概化理论，每固定一个侧面，就消失一个误差来源。如果我们能够固定尽可能多的侧面，测量的误差就会减到最小，信度就会提到最高。例如，如果我们在施测时间上要求统一、在施测环境上要求统一、在施测程序上要求统一、在对监考人员的要求上统一等，都相当于固定了这些侧面。如果我们在条件允许时，固定评分人员，就可以把评分者层面的误差消除。例如，对于像研究生入学专业考试这样的重要考试，我们可以请几位教师独立评阅主观题（如翻译、写作、简答题等），把他们的平均成绩作为最后成绩，在几位阅卷者自己前后打分一致的前提下，即使他们之间的打分不一致，对于以排序为目的的选拔性考试而言，评分者误差就降低为零。如果这几个试卷是由甲组教师评阅的，那几个试卷是由乙组教师评阅的，两组评分教师之间的差异，则会构成测量误差，从而降低评分结果的可比性。当然，对于大规模的考试（如高考，英语专业四、八级考试等），这样做是不可行的，而只能采取别的措施。

（3）评分标准对信度的影响

尽管我们把评分标准当作施测情景的一个方面，为了突出评分标准对于主观性题目的重要性，这里我们分开加以讨论。我们通常把项目分为客观性项目和主观性项目，就是根据评分标准来划分的。如果不同评分者对于同一评分标准没有任何不同的理解，这样的项目就是客观性项目。如果评分者对于同一评分标准有不同的理解，这样的项目就是主观性项目。客观性项目和主观性项目相比的最大优势，就是在一般情况下，它把评分者误差降低为零。从概化理论的角度看，就相当于固定了评分者和评分标准这两个侧面。对于以排序为目的的选拔性测试而言，这样就减少了两个误差源。对于主观性题目，我们虽然无法消除评分误差，但是，通过制订具体、详细、操作性较强的评分标准，就可以减少不同评分者关于同一问题的分歧，缩小评分者侧面的误差，达到提高信度的目的。

（二）效度

1. 效度的概念

所谓效度，即准确性，是指在语言测试结果的基础上做出准确的推论。它是专业术语，是英语“validity”一词作为教育和心理测量学专业术语的汉语翻译。出了教育和心理测量学这个语言环境，这一简称就不一定成立，这种译法也不一定正确。换句话说，英语中的“validity”一词是一个意义较为普通、用法更为广泛的词，而汉语中的“效度”一词则是一个意义非常专业、用法非常单一的词。效度理论研究的任务，就是提出一套理论框架，研发与之相适应的可操作性程序，为测试结果的解释和使用提供必要的信息，以保障测试结果解释的恰当性和根据测试结果所做的推断的合理性，从而减少或者预防解释的不恰当性。效验结果，应该是一系列的理论说明和经验证据的汇集。该结果的一部分，一般应该作为测试的辅助性或说明性文件，和试卷一起提供给测试的使用者，另一部分则作为测试或试卷开发者的参考，还有一部分应该供外部的专业评论人员使用。

（1）作为单一概念的效度

在20世纪30年代到40年代这个阶段的效度，基本上指的是所谓的效标关联效度，其中包括所谓的预测效度和共时效度。在这个阶段，效度被看作某项测试的效度。给效度这个概念下的定义是：一项测试的效度，就是它对它声称所要测量的对象的测量程度。给效度的操作性的定义是：某测试上的分数与其他关于该目标上的客观测量结果之间的相关，或者，一个测试的效度就是它关于一种特质的无误差测量结果和有误差测量结果之间的相关。这里的无误差测量结果就是经典真分数理论中的真分数，有误差测量结果就是观察分数。事实上，丘顿就明确地把效度定义为测试上的观察分数与标准上的真分数之间的相关。

在经典理论中，以上定义的这种效度实际上就是相关系数，因此，这种关联性效度通常叫作效度系数。在表达时也很讲究，不能笼统地说某个测量的效度是多少，而只能说，这个测量相对于另外一个测量的效度系数是多少。如果不确切指明这另外一个测量是什么测量，那么，在该特定的语境中，这个另外的测量应该是明确的、是显而易见的。在这个阶段，尽管既有预测效度，也有共时效度，但占主导地位的还是预测效度。由于在该阶段，效度的概念是单一的，效验没有被当作一个过程，而是被当作一个程式，效验的责任和义务一般由测试试卷的开发者或提供者以及发起者承担，而与测试有关的其他方面，并不承担效验的责任和义务。换句话说，谁开发或组织编制试卷，谁承担效验的责任和义务；谁声称该测试或试卷测量了某特定方面的能力或特质，谁承担效验的责任和义务；谁提出用该测试或试卷测量某种特定的能力或特质，谁承担效验的责任和义务。

（2）作为种类概念的效度

20 世纪 40 年代到 50 年代，效度开始被当作由不同种类的效度所组成。尽管在《心理测试试卷和诊断技术的技术推荐意见》的 1954 年版本中，效度被分成了四种。在《心理测试试卷和诊断技术的技术推荐意见》的 1966 年和 1974 年版本中，又把预测效度和共时效度合而为一，叫作效标关联效度，这样，原来的四种效度变成了三种。而实际上，教育和心理测量文献中涉及的效度种类远不止这几个种类。其中有内容效度、效标关联效度、经验效度、因子效度、表面效度、生态效度、伦理效度、收敛效度、区别效度、课程效度、构念效度等。以上这种近乎百家争鸣的局面看上去似乎有些混乱，但这种似乎混乱的局面，正好说明了学术界对于效度这个学术概念内涵的严肃、认真的探索。

到了 20 世纪 50 年代初，经典真分数理论框架中的信度估计方法和项目分析方法已经成熟，而这时，关于效度概念的内涵（请注意：不是关于效验的方式方法）的真正研究才刚刚开始，尽管效度一直被当作心理计量学中一个最基本、最重要的概念。《心理测试试卷和诊断技术的技术推荐意见》的第一个版本，就是在这种形势下诞生的。这个阶段关于效度概念探索的重要成果，应该数 50 年代中期构念效度概念的提出。尽管从一开始，构念效度就大有替代或统一其他各种效度之势，但是，为完成这一统一任务，学术界付出了三十多年的努力，而且时至今日，大量的教育和心理测量学教材还沿用种类效度的概念。

在这个阶段，由于效度概念内涵的改变比较快，美国的有关学会和协会先后推出了四个不同版本的《心理测试试卷和诊断技术的技术推荐意见》。在这个阶段，由于效度被分成了各种类别，效验的任务也明显加重，效验的重担绝非测试的发起者和试卷的开发者所能全部承担得了的。可能正是为了扩大效验者的范围，《心理测试试卷和诊断技术的技术推荐意见》的第四个版本于 1985 年出版，并取名为《教育和心理测试标准》。对比一下第四版和第三版我们不难发现，两版发生了巨大的变化。

一方面，《教育和心理测试标准》的适用范围大大地扩大了，从以前的试卷开发者和出版者一下子扩大到所有与测试有关的方方面面，其中包括测试的发起者或组织者（例如，各级有关行政管理部门、学校等）、试卷开发者（试卷的方案设计者、试题编写人员、试卷分析人员及其组织管理者等）、出版发行者、监考人员、评分人员、测试结果的使用者、接受测试的人员（例如，考生）以及与接受测试人员有关的方面（例如，考生家长、老师等）。

另一方面，效度的内容几乎无所不包，从测试的目的、初步方案的设计、细则的制定、试卷的开发过程、施测过程、试卷的评阅过程、分数的报道和解释、测试相关文件的制定、测试的效果评定等。显然，到了这个阶段，效度不可能再是原来的单一程式，而是逐渐变成一个过程，效度的方式方法或技术也呈多样化，既有纯理论论证的逻辑方法，也有各种各样的统计方法（常用的有相关法、回归法、均数差异比较法、因素分析法等），和前一个阶段的单一相关法形成显著的对照。但是，怎样把各种各样的效度整合起来，就成为一个问题。

（3）作为整体概念的效度

随着教育和心理测量界对于效度这个概念内涵的研究的进一步深入以及对于效度外延研究的进一步扩大，人们更加清楚地认识到效度的本质：效度是一个整体性概念，它既不是某个内涵单一的概念，也不好按其内涵分成不同的种类；效验也不是建立各种各样的效度，而是从各个方面进行论证或收集证据材料，以保障测试结果的恰当使用。这样一来，原来的各种各样的“效度”就被一个更一般性的概念——效度，统一了起来。现代意义上的效度，已经几乎无所不包，当然也包括了信度。这一点非常容易理解，因为，与测试有关人员所做的一切努力，都是为了测试结果的有效使用。从这个意义上讲，当代意义上的效度，似乎已经回到该词的日常意义（即有效性）上来了。这一回归到底意味着什么，是进步？还是退步？是不是教育和心理测量学发展得更加成熟？这些问题，我们今天都不好回答，但值得我们思考。毕竟在普通的计量学和其他专业的计量学中，一般都没有效度这个概念。

值得一提的是，在当代的效验任务中，人们比以往任何时候都更加注重测试的公平性、公正性和社会效应。仅外语测试界，就出版了最少两部专门论著，一本是伯纳德·斯波斯基的《客观语言测试》，由牛津大学出版社于 1995 年出版；另一本是阿拉娜·肖哈米的《测试的威力：语言测试使用之批评观》，由皮尔逊教育有限公司出版。这两本书的一个共同点，就是把测试看作一种权力，提醒人们防止测试权力的过度扩大和滥用。

2. 效验与信度研究的不同

效度证据是通过效验而取得的。效验，用通俗的话说，就是对一种测试进行效度研究。但是，这句通俗的话却是一句不够精确而且容易引起误解的话，因此需要改进。用精确的语言讲，效验，就是根据现时的、较为公认的效度理论框架，为特定测试结果的使用、解释以及根据该结果可能做出的推断或决策提供一些可以参考的理论和经验证据。如果说测试结果的使用、解释以及根据该结果可能做出的推断或决策可以比作论点的话，那么，效验的本质就是为论点的确立提供论据。如果一个测试结果有不止一种使用和解释，对于每一种不同的使用和解释都应该做独立的效验。

研究一定测试结果信度的方法完全是统计方法，是定量的方法。那么，效验与信度的应用研究有什么不同呢？从效度的定义中我们不难看出，两者的差别主要表现在以下几个方面。

①信度这个概念本来就是普通计量学中的成熟概念，教育和心理测量学并没有对这个概念自身添加任何内容，只是一直在探索开发适合于本学科具体实际的信度值估计方法；效度这个概念则不同，它几乎只是社会科学（其中包括教育和心理学）计量学中的概念。

②正因为信度是一个借用的成熟概念，1 个世纪以来，它一直就是一个非常稳定的概念；而效度则是一个不断发展和变化的概念，因而效验也是一个永不间断的过程。

③信度是一个较为普通的概念，而效度是一个较为专门的概念。因此，研究信度的工作者遍布很多学科领域（例如，物理、化学、航空、军事等），但研究效度的学者则几乎全部集中在教育和心理测量学界。

④信度研究的方法完全是统计方法、定量的方法；效验的方法既包括统计的定量方法，也包括逻辑分析的定性方法。

⑤对于一个特定受考或受考团体，在施测条件和测试目的不变的情况下，测试结果的信度可以通过一次研究而确定，而效度证据却很少也很难通过一次研究而取得。

⑥对于一个测试结果的信度的研究，一般都可以在较短的时间段内完成，但是，关于某些方面效度证据的收集，往往需要几年的时间甚至数年的时间。

⑦信度的标准是刚性的，而效度的标准是弹性的，而且充满职业判断和价值判断。

⑧信度的应用研究是一个只涉及计量工作者的单一性工程，而效验则是一个涉及试卷开发方、考试结果使用方、政策制定方、学校方、教师方以及考生及其家长方等的一个复杂程度极高的系统性工程。

尽管我们以上的列表还可以加长，但仅从以上八点，我们就不难看出，效度的应用研究（即效验）远比信度的应用研究复杂。尽管对于任何的测试实践而言，效度都比信度更重要、更全面，但不幸的是，学术界对于信度的关注和投入的力量却远远超过了效度。因此，信度研究方面取得的成果或进展也更为显著。

3. 效度证据的来源

由于效验涉及与测试有关的方方面面，效度证据的来源自然也应该包括所有这些方面，因此，任何关于效验问题的研究都很难穷尽所有效度证据的源泉。

（1）试卷内容

基于试卷内容的效度证据通常通过制定足够详细的细则以及项目生成机制，并对据此生成的试卷进行评估才能获得。基于试卷内容的效度证据的关键是，试卷内容对于欲测量内容的代表性以及欲测量内容对于测试结果使用目标的合适性。如果一项测试的试卷就是为了某个或者某几个特定目的开发的，试卷对于内容的代表性就非常重要；如果一项测试的试卷不是为了该特定目的开发的，合适性就显得格外重要。尽管《教育和心理测试标准》中没有提及内容的正确性问题，但笔者认为，合适性已经包含了正确性。对于外语测试来说，内容的正确性显得格外重要。

例如，笔者发现，在有些地市级中学升学考试的英语试卷中，出现“Make sentences with the following model”这样的导语。当然，这句话的语法是对的，但是如果正确理解了这句话的话，其后的题目就没有办法做了！类似的错误也发生在某省的英语专业自学考试的语音学试卷中。这套试卷中有一道大题，要求考生按照给出的示例标出几个句子中画线词的重音，但不幸的是，用作示例的句子既没有画线词，也没有重音标注。此外，试卷中题目自身的正确性也不可忽视。例如，有些试卷要求学生把 fine 和 five 中的“i”的发音划为相同的音，这显然是错误的。因为，fine 中的“i”是个鼻化音，而 five 中的“i”不是鼻化音。当然，笔者还可以举出很多其他的例子，由于篇幅的限制，仅举这几个。

根据最新《教育和心理测试标准》，欲测内容的合适性是相对的，而不是绝对的。所谓“相对”，就是相对于根据测试分数所要做的特定推断或决策而言的，即相对于测试的目的而言的。因此，同样的内容，对于这样的测试目的是合适的，但对于那样的测试目的就不一定合适。例如，如果我们测试的目的是想了解学生对于中学英语教学大纲规定的英语词汇的掌握情况，大纲规定的任何一个词汇对于我们的测试目的而言，都是合适的；如果我们测试的目的是想了解学生对于大纲之外的英语词汇的掌握情况，那么，大纲中规定的任何一个词汇都是不合适的。

基于试卷内容的效度证据的采集，可以用逻辑分析法，也可以用实证研究法，还可以通过专家判断的方法。专家判断有项目或试卷开发过程中的判断和项目或试卷开发完后的事后判断两种。这两种判断的意义十分明确，无须进一步解释。值得注意的是，这里的判断指的是多位同行专家的独立判断，而不是协商式判断，即一个专家的判断结果不能让其他的专家知道。采集建立在内容基础上的效度证据的关键是，是否对于测量的内容有一个既具体又详细的描述，是否有一套严谨的项目生成机制。否则，不同的学科专家很难编制出相似的项目，不同的学科专家也很难达成较为一致的看法或意见。另一个值得注意的问题是，无论对测试结果做常模参照性解释，还是做标准参照性解释，基于试卷内容的效度证据都非常重要。那种认为内容证据仅对于标准参照性解释的测试重要，而对于常模参照性分数解释的测试不重要的观点，是十分错误的。

在表达基于内容的效度证据时，应该用中性的语言确切表达，切忌用广告式的语言为某项测试做宣传，或者用攻击性的语言拆某项测试的台。具体而言，尽管基于内容的效度证据的核心是代表性和合适性，但是，证据的表述方式不能是这项测试（没有或者充分地）代表了；这项测试（不太或者非常）适合。显然，这是根据基于内容的效度证据，对于一项测试是否适合某特定目的的一种价值评判，是基于内容的效度证据的使用结果，而不是证据自身。基于内容的效度证据的表达方式应该酷似药品说明中的 [成分] 或食物说明中的 [原料][配料]。例如，下面的表达就比较合适。

这项词汇测试考查受考对于《朗文当代英语词典》（1995 年版）中规定的 3000 个常用书面语词汇的拼写能力。试卷由 100 个单词词汇或短语词汇构成，具体词汇的选择采用完全随机抽样程序，采用不放回式抽样。因此，每个词汇代表该 3000 个词汇中的 30 个词汇。那么，基于内容的效度证据有什么用处呢？基于内容的效度证据对于他人选择应该使用哪一种测试非常重要。如果一项测试没有基于内容的效度证据，使用者就很难判断这种测试是否合乎他们的测试目的。

（2）反应过程

对受考的答题反应过程的分析，包括理论分析和实证分析，可以提供关于测试的构建与受考实际答题的详细心理过程之间的拟合程度方面的证据。当然，对评分员的打分反应过程，也可以采用同样的分析方法，即理论分析和实证分析。下面，我们举两个例子加以说明。

例如，有一项英语测试，其听力部分旨在测量受考的听力理解能力，即看受考是否能听懂所听的内容，这实际上就是听力部分的构建。但是，测试后，通过对于各种背景受考的了解，发现大部分受考反映他们能听懂录音的内容，就是记不住内容细节，也读不完题目的内容。因此，在考试过程中，他们花相当大的力气在试题册上做笔记，而且在正式听力考试内容播放之前，就开始快速阅读一遍听力题目的内容，以提高答题的效果。这种情况说明，这份试卷的听力部分在很大程度上考的就不是听力理解能力，而是记忆能力、速记能力、快速阅读能力，外加听力理解能力。

又如，又有一项英语测试，其阅读理解部分旨在测量受考对于一般性学术文献语言的理解能力，即看受考是否能够读懂一般性的用英语撰写的学术性文献。但是，试测后，通过对于各种背景的受考的访谈，发现大部分受考都是按照流行的备考书中介绍的一些固定程式作答，并没有按照他们平时阅读英语专业文献那样的方式阅读考试中的阅读片段。问到为什么要这样做时，大部分受考的回答是：这样，而且只有这样才能提高他们的成绩，因为按照平时的“自然”阅读方式，即使把文章全部读懂了，也不一定能把文章后面的题目做对，况且，按照自然的阅读方式，时间根本就来不及，没有办法，只好采用这种“考试”阅读方法。这样的信息，对于改进试卷非常重要。当然，如果有必要，还可以进一步研究这些访谈结果的有效性或“效度”。如果确认这些结果是有效的，那么，这项英语测试的阅读部分就要修改。显而易见，基于受考答题反应过程的效度证据，实际上是测试真实性的一个重要方面。

一般说来，基于反应过程的效度证据是通过以下途径采集的。

①通过使用现代监控技术，记录下受考的确切反应过程。例如，用眼动仪记录阅读测试中受考的眼动情况；用计算机记录受考作答某道具体题目所用的时间（即反应时）这样的证据；用计算机记录受考写作的具体过程等。

②通过对监考人员、评分人员等的访谈，也可以获得受考答题过程的部分信息。对于面试和笔试中的主观题的评分过程的了解，也是非常重要的。通过对于面试考官和评分员的访谈，既可以获得关于他们执行评分标准情况的证据，也可以获得他们评分过程的证据。这方面的证据，也是基于答题过程的效度证据的重要内容。

③通过有声思维法了解考生作答过程或者评分员评分过程中的思维活动。有声思维法用于反应过程研究有许多优势，比如，与访谈和问卷相比，它能反映出评分员实际上在做什么或在思考什么，而不是他们认为自己在做什么或在思考什么。

④通过设计合理的问卷，可以收集考生或评分员反应过程中的相关证据，进行定量数据分析。

基于过程的效度证据主要有以下的用处。

①帮助我们发现问题，缩小问题的范围，确定调查研究的对象，以便进一步调查研究。并且帮助试卷开发人员确切地定义测试的构建，或者及时修订题

目，以便使题目的真正所测与测试所提议的构建相吻合。

③有助于评分标准的制定和修订，也有助于我们确定培训评分员的计划和具体培训内容，从而改进评分结果的信度。

④有助于测试分数的解释。这主要包括两个方面的内容：其一，帮助我们了解不同背景考生分数差异的原因，更深刻地理解不同背景受考分数的意义；其二，帮助我们了解受考分数差异的原因和意义，进而帮助我们根据分数进行有关推断或者决策。

（3）试卷的内部结构

通过对一份试卷的内部结构进行分析，可以显现出该试卷中的项目以及各个部分与试卷的构念的吻合程度，该构念就是所提议的分数解释的基础。一套试卷既可能只有一个部分（例如，单纯的听力考试、阅读理解考试、词汇考试等），因而只测量某个单一维度的行为，它也可能由几个部分组成（例如，一份同时考查听力、语法、词汇和阅读理解能力的试卷），因而可以同时测量多个维度的行为。但是，我们期望它的每一个单独部分只测量某个单一维度的行为，而且，各不同部分所测量的行为维度又不相同。如果我们的期望是这样的，而且，我们的测试目的要求我们提出这样的期望或要求，我们就应该采集证据，证实我们的期望的确在试卷中得以实现。对于试卷的内部结构的分析结果，正是我们所需要的证据。显然，这一证据和测试结果使用的效度密切相关，因而，是效度证据的一个重要组成部分。

关于试卷内部结构的具体分析方法，完全取决于我们打算对测验分数做怎样的解释。如果我们的测试目的要求我们把构成试卷的各个部分按照从易到难的顺序编排，测试后，我们就可以通过分析受考的实际答题情况，以证实在具体试卷中，各个部分的确是这样排列的。如果我们期望对分数做单维性解释，那么，单维性检验就在所难免。一个测试是否满足单维性的要求，对于分数解释至关重要。如果一个测试或者子测试不满足单维性要求，其分数几乎无法解释。关于单维性的证据，可以通过多种程序取得。对于同时测量几个不同维度的行为的试卷，其内部结构的分析比较复杂，由于篇幅关系，本书不做介绍。但是，对于多维度测试试卷各部分的单维性检验，就是把各个单独部分看成一个试卷，然后用检验单维试卷的方法检验它的单维性。

第八章 语言与当代英语语言学的发展

学习语言，需要先了解它的历史。了解它曾经是怎样的存在，又经过怎样的发展和延伸。语言学历史悠久，甚至比哲学还久远，可以追溯到上古时期。对语言学历史的回顾，能够帮助我们找到今后的发展方向。本章主要包括语言的发展、英语语言的发展史、当代英语语言学的发展历史与趋势三部分。

第一节 语言的发展

一、语言发展的原因

语言发展的原因可以概括为内因和外因。内因指的是语言要素之间的相互影响；外因指的是社会发展的推动。

（一）语言要素的相互影响促进语言的发展

1. 语言要素内部因素的相互影响

例如，现代汉语的“红”和“白”虽有一定的联系（例如，“红白喜事”），但并非相反或成对；但当“红”发展出象征革命的意义时，“白”也发展出象征反动的意义，如“红军”“白军”等。在这个意义上，“红”和“白”成了一对反义词，这是词汇体系内部各个因素相互影响的例证。

2. 语言各个要素之间的相互影响

语言各要素间既是相互联系的，又是相互制约的。其中一个要素发生变化，就会影响其他要素发生变化，局部变化也会引起一系列连锁反应，进而推动整个语言系统的发展。例如，语音的变化也会引起词汇的变化。古代汉语单音节词占优势，单音节词之间互相都有区别，“机—基”“交—骄”“尖—艰”等，每个词的读音都是不同的，后来由于浊音清化、辅音韵尾消失等变化，语音趋向简化，同音词大量增加，使语音符号的区别性逐渐模糊，给交际带来了困难。为了解决这一困难，汉语中出现了大量的双音节词，如“基本”“机能”“交际”“骄傲”“尖锐”“艰巨”等。随着双音节词的产生，一个词内部两个成分之间的关系又出现了一些问题，如轻音、儿化、变调，某些实词的词缀化和派生词构词规则等。这是词汇变化又引起语音、语法的变化，从而使汉语面貌发生了很大改变。语言系统就是在这些组成要素的不断产生矛盾和解决矛盾的过程中发展着。另外，语义的变化也会影响到语法上的变化。例如，汉语的“着”“了”“过”原来都是实词，但后来它们的词义虚化，由实词变成了虚词。

（二）社会发展促进语言发展

语言属于历史范畴，它是不断发展变化的。人类交际的基本工具就是语言，它从劳动中发展出来，推动人类社会的发展。正因如此，社会的发展与语言的发展有着紧密的联系，也就是说，语言发展不仅是社会发展的基本条件，而且语言发展推动着社会的发展，社会发展也促进了语言发展。

1. 语言的分化与统一

语言发展与社会发展息息相关，语言发展促进社会发展的同时，语言发展的方向也受社会发展方向的影响。社会的统一会要求语言的统一，而社会的分化又会导致语言的分化。因此，语言的分化和统一会受到社会的分化和统一的影响。当某一社会走向分化，必然会减少或者停止各个社会部分间的交际。一段时期之后，各个社会部分之间的语言就会产生差异，慢慢形成不同的语言。

与分化相反，随着社会的发展，如果不同的社会之间，或者已经分化的同一社会的各个部分走向统一的时候，原来的各个社会之间，或者一个社会的各个部分之间的交际自然会增多，语言或方言之间的影响也必然加强，这样，语言就趋向统一。语言的分化和统一是语言发展的两个基本过程。人类语言在其发展史上，既有分化，也有统一，这是由于人类社会在历史上也既有分化，又有统一的缘故。但分化和统一是两个很复杂的过程，社会的分化和统一与语言的分化和统一之间有联系，但不是必然的关系。

2. 语言的接触和影响

社会中存在很多群体，在社会不断发展的过程中，这些群体之间不免产生接触和影响，进而导致语言之间的相互影响，促进语言的发展变化。其实在现代社会中，这种情况是不可避免的，任何一种现代语言，都和其他许多语言发生过并且时刻发生着不同情况的接触。在接触的过程中，相互产生影响，具体表现为在吸收一些外语的成分的同时，又给其他语言以种种影响。例如，汉语曾经给日语、朝鲜语、越南语等很大影响，这些语言中大量的词语都借自汉语。同时，汉语也从其他语言中借用了不少词，如“派对”“克隆”“纳米”“基因”“酷”“脱口秀”等，这些词就是中国人在同西方人的交往中从他们的语言中借来的。

3. 社会推动思维

社会推动思维的发展，进而促进语言的发展。思维是随着人类社会的发展而发展起来的，社会的发展推动思维的日益精密化，而思维的发展又会对语言系统的进步产生推动作用。因此，思维对语言的影响是社会对语言的间接影响。具体表现在以下两个方面。

（1）思维的发展促进了词语语义的发展

人类的祖先以具象思维为主，抽象思维并不是很发达。随着社会的发展，人们对语义有了新的认识并向抽象化、理性化方向发展。所以，很多词语的语义也得到了发展。例如，“兵”最初是指兵器，后来才发展为战士、士兵的意思。

（2）思维的发展促进了语法的发展

人类的思维日趋精密，推动了语法的日益完善和精密。在我国的甲骨文中，人称代词还不完备，数词还没有序数词和基数词的分别，介词和连词非常少；一般是单句，复句很少见；复句中一般都是联合复句，偏正复句少见。所有的这些，都在相当的程度上反映出当时人们的思维还比较简单。随着人们思维的发展，语法结构也越来越精密化。

二、语言发展的途径

（一）语言的接触

人类之间的接触一定会有语言上的接触。所谓语言接触，指的是不同语言之间的接触，并且是接触之后会对一种以上的语言产生影响。有学者提出，语言接触还包括某一种语言在其他地区广泛传播，并对传播地区的语言造成影响。语言的接触主要表现在以下几个方面。

1. 词缀借入

在语言接触的过程中，将外来的词缀借入是语言进步的一种表现，因此，语言接触能够渗透到语素层面。例如，英语中，很多词都是由英语的词根和其他语言的词缀组成的。

2. 词语互借

有很多汉语词汇是从其他语言中借来的，如浪漫、感性、因果、沙发、葡萄等。与此同时，其他语言也会吸收汉语中的词汇，如茶、瓷器、丝绸等，很多词语已经被其他语言借用。

3. 语音与语法的借代

随着不同国家、不同民族的进一步的接触，不仅是词汇方面出现了互借现象，而且语音和语法方面也出现了借代现象。例如，早期的西双版纳泰语中，/au/ 这个发音是没有的，后来与傣族、汉族接触频繁之后，逐渐成为西双版纳泰语的发音。还有些语言在借入其他语法后造成原语法消失。

4. 不同语言的共同特点

两种语言长期接触后，虽然仍是不同的语言，但是会产生一些共同点。那是因为，两种语言在接触的过程中会相互借代一些语言要素。例如，欧洲巴尔干半岛，存在着罗马尼亚语、匈牙利语、马其顿语等多种语言。但是这些语言在语法上有很多相似之处，最终形成了“巴尔干语言联盟”。

5. 双语或多语现象

随着语言接触的进一步加深，在一个区域或者民族会出现两种或者两种以上的官方语言，这也就是双语或者多语现象。例如，在加拿大，英语和法语都是官方语言；在比利时，法语和佛兰芒语都是官方语言；在中国，很多少数民族不但能说自己民族的语言，也能说普通话。

（二）语言的融合

1. 语言同化

语言同化，是指一种语言被另一种其他语言排挤或者代替，逐渐走向消亡的过程。在同化过程中，留存下来的语言是同化语言。语言同化是促进语言发展的一种方式，一般来说，语言同化分为以下两种。

（1）强迫同化

强迫同化带有强制性，一般是统治者为了巩固自己的地位，削弱被统治民族文化意识而采取的强制措施。统治者强迫被统治民族放弃自己的语言和文字，统一使用统治民族的语言和文字。例如，沙皇俄国、德国、日本都曾经在他们占领的国家或地区推行过同化政策。但是，强迫同化通常会受到被统治民族的强烈抵抗，一般情况下是不会成功的。强迫同化一般包括以下几个方面。

①经济同化，指的是某些国家或地区在经济方面发展比较快，有很强的经济优势，那么该国家或地区的语言就会借助经济的优势，逐渐成为全国乃至全世界范围的优势语言，被称为“广泛使用的标准语”。而原本流行的方言或语言在这种强势语言的逼迫下不得不逐渐隐退甚至消失，于是这种强势的语言开始登上历史舞台。

②政治同化，指的是国家权力机关、行政机关通过政治力量进行强迫同化。通过政治的力量加快某种语言的普及速度，强迫大家都使用某种语言，增强这种语言对其他语言的同化力度。

③文化同化，是指通过文化这一社会物质，增强自身语言的优势地位。语言是文化的载体，文化的发展和进步，对语言的发展起着推动作用。同样，语言的使用和推广，对文化也有着不同程度的影响。

④教育同化，教育的普及同样也会进一步推动语言的同化进程。当今时代，学校教育已经成为人们学习语言、应用语言和发展语言的重要场所。人们从出生之日起，就开始接触语言，到了接受教育的阶段，开始学习母语的书面语言，同时学习一些外语。通过对母语的学习和扎实掌握，逐渐将其作为学习其他学科的工具。

（2）非强迫同化

非强迫同化，通常指的是一个民族由于欣赏和崇拜另一个民族的语言和文化，而主动放弃自己的语言，学习他民族语言和文化的现象。例如，5世纪时期，北魏政权建立，但是当时的统治者鲜卑族非常仰慕汉文化，就直接采取了“断诸北语，一从正音”的政策。当时的北魏统治者要求朝廷上统一讲汉语，禁止讲鲜卑语，大力推行汉文化。像这种主动选择的非强迫同化，是被同化民族的自愿举措，一般都会取得比较好的效果。

通过上述描述，可以看出，仅依靠政治或者军事上的优势是很难取得语言方面的胜利的，最终获胜的也不一定是统治者的语言。例如，在金人攻占宋朝时，曾经强制推行自己的语言，但是最终的结果却是金人学会了汉语。因此，在语言的同化过程中，能够成为同化语言不仅受到经济、文化、政治等方面的发展程度的影响，还受到人口以及语言自身丰富程度的影响。

2. 语言混合

语言混合比较特殊，与语言同化不一样，它是指两种语言组合到一起，混合之后形成的一种语言。语言混合主要表现为以下两种。

（1）“洋泾浜”语

洋泾浜原本是上海租界的地名，是一条河浜。在旧上海，这里有很多外商，华人和洋人杂处，语言混杂。本地华人为了与洋人进行贸易合作，学习讲英语，但由于各种原因的限制，他们会将汉语的语法规则运用到英语当中，在交际的过程中，逐渐形成一种混合语，被称作“洋泾浜”语。这是一种基本词汇来自英语、采用汉语语法的语言，在语音方面也有所改变。

【例 8-1】“洋泾浜”英语

我不能 my no can（正确说法为“I can not”）

一个女孩 one piece girl（正确说法为“a girl”）

两本书 two piece book（正确说法为“two books”）

三个人 three piece man（正确说法为“three people”）

世界上还有很多地方也出现过类似的混合语，尤其是在口岸和国境相邻的地方。例如，“洋泾浜葡语”“洋泾浜法语”等。还有些混合语是多种语言混合到一起的语言，如“萨比尔”语。所有混合语被统一称为“洋泾浜”。由于很多词汇和语法都来自欧洲语言，所以欧洲语言被当作“洋泾浜”的基础，这些语言一般是传教士和商人与不同语言的人交流的过程中产生的。

因此，洋泾浜语是在词汇量有限的情况下，将语法简化的特殊语言变体。这种语言通常用于贸易和雇用，其交际性十分有限。严格来讲，它并不是一种语言，只是在外语水平有限的情况下的一种应急措施。

（2）克里奥尔语

洋泾浜语结构简单、功能单一，但当它被一个语言社团采用，作为母语习得时，它的地位就会迅速提升，语言会迅速丰富起来，成为克里奥尔语。克里奥尔语是单词“creole”的音译，“混血儿”的意思。克里奥尔语一般发生在由殖民劳工组成的国家或者地区。在这些地方，人们来自不同的民族、地区，语言不通，无法交流。为了能够更好地交流，他们将殖民者的语言洋泾浜化，长时间的使用，并以此作为母语让他们的后代学习，不断扩大词汇，规范语法，形成克里奥尔语。

三、语言发展的制约因素

人类生活的每个方面都涉及语言，因此，在研究语言发展的时候也要从多个方面寻找影响语言发展的因素。下面主要从三个方面来分析一下影响语言发展和变化的因素。

（一）社会因素

人类主要的交际工具就是语言，但是需要人类对自然界有清楚的认识以及丰富的社会经验，才能真正地发挥语言的交际作用。正是因为语言具有交际性，社会的各种变化都会给语言的发展带来影响，以下两点的影响最大。

1. 战争

统计结果显示,在历史上只有600年左右是完全没有战争的。自从有了人类，就总是会为了争夺各种资源发生战争。每一次战争的发生都会推动不同民族语言之间的相互影响。例如，在英国的历史上，11 世纪到 14 世纪的大不列颠是由诺曼王朝统治的，导致英语词汇中有将近百分之五十的词来自法语或拉丁语，这也是为什么英语中的法语词汇很多。

2. 科技

人类从未停止过对自然的探索，随着探索的不断深入，人类的语言也会发生相应的变化。近几十年来，科学迅速发展，人们有了更多的新技术、新发明、新概念，同时创造了新的名词来命名。

【例 8-2】与新科技相关的词汇

copy 拷贝

engine 引擎

joule 焦耳

gauss 高斯

cyberdoc 网络医生

bluetooth 蓝牙技术

nano-material 纳米材料

cyberphobia 电脑恐惧症

proteomics 蛋白质组学

reprogenetics 生殖遗传学

greenhouse effect 温室效应

physical agriculture 物理农业

comparative medicine 比较医学

concurrent engineering 并行工程

magnetically levitated train 磁悬浮列车

（二）心理因素

在人类进行交际的时候，语言不仅是一种交际工具，而且是一种思维工具。人类在运用语言的时候，必定会受到人的心理影响，语言在受到心理影响后就会发生变化。使用不同语言的人，其对语言的心理也不一样。例如，因纽特人，在他们的语言中虽然没有“雪”这个词，但是有十五个词是用来表达不同状态、不同地点的雪。可见，雪在因纽特人的生活中非常重要。而在英语文化中，雪就没有那么重要了，仅是用“snow”这样一个简单的词汇来表达。

在众多心理因素中，对语言发展影响最大的就是思维。长期使用具象思维，会影响抽象思维的发展，在语言表达上也会带有具象色彩。不同的思维对相同的事物会有不同的看法。例如，汉语中“龙”是一种被神化的动物，象征着权利，是对远古人类的敬畏和崇拜。直到现在我们依然被称作“龙的传人”，经过几千年的传承和演变，不断被注入新的内容，形成了我国特有的龙文化。但是在英语文化中，“dragon”被描绘成一种凶悍的怪兽，象征着罪恶、魔鬼。

（三）语言自身的因素

社会因素和心理因素作为外部因素，主要是为语言的发展提出要求以及提供动力。但是，语言什么时候能够接受外部因素提出的要求，如何利用外部动力进行改变，最终取决于语言自身的因素。言语和语言系统之间存在的矛盾是促进语言发展的一个因素，言语是人们对书面语言的口头表达，会受到交际对象、语境、信息、情感等因素的影响。这些因素会使言语具有开放性、多样性、具体性的特点，难免会和语言系统产生矛盾。这些矛盾会导致“出格”现象的发生，有些会转瞬即逝，有些则会保留下来，融入语言系统，促进语言的变化和发展。促进语言发展的另一个自身因素是语言形式和意义之间的矛盾。语言的形式是有限的，但是语言的意义是无限的，两者之间一定会存在矛盾，影响语言形式的发展和消亡。通过这种矛盾运动，不断促进语言的发展和变化。

四、语言发展的动力

关于语言发展的一个重要问题是人类语言能力在多大程度上是天生的。哲学家关于人类如何获得语言提出了两种观点，一是理性主义的观点，即人的思想是天生的，就是说从人一出生思想便出现了；二是与理性主义观点相反的经验主义观点，即一切知识都是从经验获得的。这两种观点至今仍然存在着争议，即自然与养育的争议，乔姆斯基提出的是理性主义的观点，而皮亚杰提出的观点具有强烈的经验主义彩色。行为主义认为语言都是学会的，这也是明显的经验主义观点。问题是哪些过程是天生的，而哪些过程会产生语言，而不要简单地说成是理性主义和经验主义而已。行为最终是由自然和养育的相互作用而产生的，联想主义的研究主要探讨养育的特征以及学习系统随着经验而变化的方式。语言发展是一个复杂的过程，这个过程包括许多技能的发展，例如，句法发展的重要过程对于语音发展并不重要，因此，许多因素“驱动着语言发展”，这里所谓的一个因素就是一个过程。下面说说主要的四个因素：模仿、学习理论、儿童口语的作用以及语言获得装置。

（一）模仿

最简单的语言发展理论认为，儿童是通过模仿成人语言来学习语言的，儿童可以模仿成人的一切行为，但是模仿本身不是语言发展的主要动力，也不是句法发展的动力。通过对儿童产生的句子进行简单分析可以发现，儿童并不能模仿成人，他们犯了成人不会犯的错误，而且儿童只有具备了合适的语法才能试图模仿听到的话。在说话发音形成以及选择具体词汇的过程中模仿成人和其他儿童的说话发挥着重要作用。

（二）学习理论

学习即应用强化和条件反射在一定程度上可以解释语言发展。行为主义的代表人物斯金纳在《语言行为》一书中认为，语言是通过条件反射与强化而获得的。对此可以如此理解。

第一，成人一般只校正儿童发音的对错与意义而不校正语法，因为校正不正确的句法和语音通常没有用，在有些情况下只要儿童具备了必要的语法才能模拟成人的语言。父母并非完全忽视语法不正确的发音，他们会提供某种反馈，就是说有些父母与孩子的会话模式经常不一样，这与小孩发音的语法结构有关。

第二，有些词汇，例如 no，在学习之前儿童已经理解它的意义了。

第三，学习理论不能预测获得不规则过去式和不规则复数名词的情况。

第四，乔姆斯基认为，仅仅通过条件反射并不能获得语言。

第五，婴儿的牙牙学语不是随机形成的，语音产生的模拟并不重要，因为在正常情况下有听力障碍的父母生下的婴儿却会牙牙学语。因此，可以说语言发展主要与学习规则有关而与学习联想和例子无关。

（三）儿童口语的作用

乔姆斯基认为，儿童可以获得许多语言规则或者语法，但是仅仅通过环境并不能学会这些规则。儿童听到的语言是不合适的，这表现在两个方面，一是他们听到退化的输入信息，如舌尖语、错误开头停顿以及声音跑调以致不能清楚地区分词汇；二是在儿童听到的语言中没有足够的语法结构信息，这样儿童便学不会语法，这就是所谓的刺激贫乏。成人特别是母亲对孩子说的话在过去称作妈妈语，现在叫作儿童导向的口语，因为它的使用只限于母亲，也称作婴儿会话。它的特点是成人以简化的方式与儿童对话，他们小心谨慎地让自己的口语容易识别，采用的句子发音很简单，停顿比较多，发音较短嗦、说话较慢、音节区分明显、词汇有限、句子较短以及音韵结构被夸大了。

（四）语言获得装置

同时，乔姆斯基认为，一些天生的因素影响语言获得，语言是一种特殊能力，与认知过程或者知觉过程无关，当儿童不能获得复杂的智力时便可以获得语言，因此，与智力、认知或者经验无关。由于儿童听到的语言残缺不全，他们不能只靠呈现语言来获得语法，语言获得装置（LAD）的这种先天结构可以提供帮助。他在后来的研究中以普遍语法的观点取代了语言获得装置，这种观点是一种原始推理规则的理论，这些规则是限制语言获得的许多原理和参数，有助于儿童学会任何自然的语法。各种语言是不一样的，儿童面临的作业就是获得母语的具体细节，这是一个参数设置的过程，所谓参数就是语言的普遍方面，它有一个像开关一样的装置，可以设置一些参数。语言获得装置没有预设具体语言的细节，而是设置了获得语言的一些边界，语言不能随意地变化而是具有限制，例如，还没有发现任何一种语言通过倒置陈述句子的词序可以形成疑问句。语言获得装置就是一些开关，限制着儿童可以获得的可能语法形式，呈现一种具体的语言便可以在一个具体的位置来设置这些开关，如果呈现一种具体的语言没能引起这些开关到达一个具体的位置，这些开关便停留在中间的位置。参数设置是语言形成的关键特征，因此，这种理论将语言获得视为参数设置。

五、语言发展的特征

语言的发展变化呈现出很多特点，具体包括以下几个方面。

（一）不平衡性

语言的发展变化是不平衡的，主要表现在以下几个方面。

1. 语言各要素的发展是不平衡的

在语言的各组成要素中，词汇的发展最快，因为词汇较直接地与社会各个方面的活动联系在一起，与人类的认识活动联系在一起，因此，社会的变化、人的认识的更新，都随时在语言词汇中得到反映，它处于经常的变动之中。语音的变化则是比较缓慢的，一方面是由于语音不像词汇那样与社会和客观事物有直接联系；另一方面还因为语音是语言的物质外壳，它的变化往往涉及许多语言单位，所以语音不会随着词汇的迅速发展而发生系统的变化。但语音系统本身仍在经常调整，这在很大程度上取决于语言习惯的改变。相对于语音而言，语法的发展更慢，而且具有高度的概括性。另外，语法具有非常强的稳定性，因此，它一般不会经常变化，因为语法规则一旦发生变化，就会导致很多句子、词组或词的结构等发生变化，进而影响到整个语言的意义表达。

2. 不同时期的语言发展变化是不平衡的

不同的时期对语言发展的影响也不同，其发展变化也是不平衡的。如果某一时期社会变革较小，社会发展缓慢，社会思维不活跃，缺少不同文化之间的接触，那么这一时期的语言发展变化也会较慢。反之，语言的发展变化会比较快。

3. 语言发展在地域上是不平衡的

不同地域的语言或者方言的发展变化也是不平衡的，尤其是亲属语言和方言的发展。例如，英语和德语都是从印欧语系日耳曼语族发展来的，原来都属于综合语。但现代英语却具有分析语的特征，主要靠语序和虚词表达语法意义；而德语还属于综合语。同一语言现象的发展速度，在不同的地区也可能是不同的，因而产生了方言的差别。

（二）相关性

语言是一个复杂的系统，由若干个子系统组成。在语言系统中，语言单位和语言规则之间有着密不可分的联系，每个细小的变化都会引发或大或小的改变，有直接的变化也有间接的变化。例如，汉语在 12 世纪之前是没有轻声的，轻声是在 12 世纪前后出现的语音。

（三）渐变性

语言的变化不是像生物基因那样突然就发生变化的，它的变化是一个渐进的过程，这是受其交际工具属性决定的。例如，中国人可以读懂“床前明月光，疑是地上霜”等古诗，而英国人可以读懂莎士比亚的作品。就语言系统而言，人们可能都感受不到语音、词汇、语法的变化过程，只是在经过积累之后可以看到。语言的发展变化都是经过不断积累，旧质要素不断消亡，新质要素不断积累，这样一个缓慢的过程来实现的，人为的突变基本上是不可能的。语言的发展变化不会发生突变，主要有以下两点原因。

第一，语言是每个人在社会上生存必须要掌握的交际工具，如果语言变化太快，不稳定，那么人永远也无法掌握这一交际工具。

第二，无论是在日常生活中，还是在社会生产中，人们都需要依靠稳定的语言来完成交流、协作以及管理。在社会发展的推动下，语言也会发生变化，会随着社会的发展而变化，满足社会进步之后人们的交际需要。语言的社会性质决定了语言不但需要稳固也需要发展，为了满足两个相互对立的需求，语言以渐变的方式进行发展和演变。

（四）规律性

语言的发展并不是随意的，也要遵循一定的发展规律。当然，不同的语言发展遵循的规律不同，同一语言在不同的地区遵循的发展规律也可能不同，并且各个语言子系统的发展规律也有可能不同。但是，有一点是相同的，那就是都遵循一定的发展规律。

第二节　英语语言的发展

一、古英语时期

自5世纪开始，英语开始出现，但直到7世纪才开始有记载。597年盎格鲁-撒克逊人，也就是我们今天说的英格兰人，皈依了基督教，自此开始有了宗教信仰，同时开始接触古罗马文明。在英国历史开始之前，曾经有几个独立的王国，其中诺森比亚可以说是其中最发达的一个。700年，诺森比亚成了欧洲最发达的文明，这是欧洲最早的一次文艺复兴，这一时期产生了大量的优秀文学作品。

到了8世纪，诺森比亚王国开始走向衰弱，文明的中心也发生了转移。麦西亚王国成了新的文明中心。又过了一个世纪文明中心从麦西亚转移到了西部撒克逊人统治的一个王国——维塞克斯，其最著名的一个国王是阿尔弗雷德大帝，他不仅是一位军事家，而且是知识的倡导者和传播者。

阿尔弗雷德大帝在军事方面最大的成就是阻止了北欧海盗的入侵。886年斯堪的纳维亚的军队开始入侵英伦本土，基本上没有遇到任何抵抗，直到遇到了阿尔弗雷德大帝。双方在征战多年之后，签订了和平条约，将英格兰由西北到东南画出一条分界线，界限以东地区归斯堪的纳维亚人管辖，界限以西的地区归威塞克斯管辖。也正因如此，大量的斯堪的纳维亚语融入英语中。直到现在，很多借自斯堪的纳维亚语的词汇已经逐渐成了标准英语的一部分。

【例 8-3】借自斯堪的纳维亚语词汇的英语

take 拿

scant 少量

sly 狡猾

egg 鸡蛋

leg 腿

outlaw 非法

sky 天空

they 他们

二、中古英语时期

中古英语时期以诺曼底人征服英国这一历史事件为起点，自此英语的结构有了很大的变化。在 10 世纪初，诺曼底人居住在法国北部，主要使用的语言是法语，逐渐发展成为一个实力强大的王国，并且文明相当发达。在 1066 年威廉一世带领着诺曼底人，横渡英吉利海峡，击溃了盎格鲁－撒克逊人的军队，占领英格兰。在此后的几百年中，都是由说法语的国家统治英国。

在诺曼底人统治英国的几百年间，英国人对入侵的法国人的语言非常反感，因此，法语只是在宫廷和贵族之间使用，并未取代英语在人民大众间使用。即便如此，诺曼底人的入侵也给英语带来了很大的变化。英语中借自法语的词汇有很多，下面就简单列举几种。

【例 8-4】与娱乐有关的词

music 音乐

dance 跳舞

romance 浪漫

poet 诗人

chess 象棋

【例 8-5】与居家生活有关的词
towel 毛巾
chair 椅子
curtain 窗帘
lamp 灯
【例 8-6】与学术有关的词
logic 逻辑
surgeon 医生
study 研究
【例 8-7】与颜色有关的词
scarlet 大红
blue 蓝色
vermilion 朱红色
【例 8-8】与政治有关的词
government 政府
parliament 议会
tax 税收
【例 8-9】与宗教有关的词
parson 牧师
sermon 布道
baptism 洗礼
sacrifice 受难
【例 8-10】与食物有关的词
cream 奶油
peach 桃子
beef 牛肉
mutton 羊肉
biscuit 饼干
【例 8-11】一些普通词汇
very 非常
age 年龄
move 移动
plain 平常

fault 缺点
cry 哭

三、现代英语时期

现代英语时期又可以分为以下两个阶段。

（一）现代英语前期

公元 1400 年至 1600 年是现代英语前期，英语的变化主要发生在语音上，具体来说有以下两种。

1. 英语主要元音音变

元音音变主要指的是在重读音节中的一些元音发生的一系列音变，将长元音上移，与不能上移的最高元音合成二合元音，也就是我们常说的双元音。例如，he 在古英语中读 /hei/。这次音变，使得英语中带有这些元音的词汇都发生了变化。

2. 省略了非重读音节词尾的元音

很多在乔叟时代是双音节的词，到了莎士比亚时代就变成了单音节词，例如，wine、name、stone 这些词中的元音 e 变为不发音的元音。这些词的变化对英语产生了很大的影响，也给英语带来了新的发展。

经过这两种变化之后，现代英语和中古英语之间有了很大区别。此外，1475 年印刷术传入英国，对英语的发展产生了一定的影响，使英语的拼写更加规范，促进了书面用语的发展。同时，印刷的引进使书籍的成本降低，数量也开始增加，更多的人可以通过书籍学会读书、写字。印刷术的引进有助于语言的统一，有效地防止了方言差异的发展。

（二）现代英语后期

18 世纪英语又随着社会的发展经历了各种变化。在 18 世纪初有人提出要对英语进行完善、删节、限制等一系列调整和控制。为了加深对英语因素的了解，有人提出要成立一个专门的英语研究机构，规定如何运用英语，虽然没有成功，但是改变了人们对英语的态度。这次对英语用法进行规范的尝试，在一定程度上推动了词典的产生。1603 年，第一本英语词典诞生，一共有 2500 个词被收录到这本词典当中。后来，经过不断的改进，又出版了很多本词典，具体如表 8-1 所示。

表 8-1　现代英语时期英语词典的出版情况

出版年份	词典名称	出版人
1755	《英语词典》	塞缪尔·约翰逊
1828	《韦伯斯特英语大词典》	诺亚·韦伯斯特
1928	《牛津英语大词典》	詹姆斯·莫瑞（第一任主编）

此外，英语的语法也是在 18 世纪产生的。当时，英语作为一门学术语言代替了拉丁文，因此，人们将英语进行了控制和分解，像拉丁文一样对英语从语法层面进行了分析和论证，也是在此时，拉丁文被引入英语中。但是由于两种语言是不同的，这样的做法并不正确，英语有它独特的符号、形式以及表达方式。即便如此，在那个时期，拉丁语模式的英语还是被建立起来了，并且在学校中进行传授。从逻辑上来看，语法训练是有意义的，语法有利于保障语言结构的稳定。英语的发展最重要的因素是英语民族的不断扩展，直到现在英语发展成为全球通用语。

第三节　当代英语语言学的发展与趋势

一、当代英语语言学的发展历史

（一）英语语言学雏形

14 世纪到 16 世纪欧洲发生了文艺复兴运动，坚持“人文主义”思想，从意大利开始，并迅速扩展到整个欧洲地区。莎士比亚是英国著名的诗人、戏剧家，他不但是个天才，而且非常勤奋，继承了文艺复兴时期的文学艺术成果，并将其发扬光，推向高峰。他的用质朴的语言文字展现高超的文学技巧，他的文学戏剧作品得到了各个阶层的喜爱。在 16 世纪末到 17 世纪初期，英语达到了空前的丰富和完美的境地。英国文学史上仅次于莎士比亚的伟大诗人弥尔顿，他的作品语言运用巧妙，堪称英语语言应用的宝库。

（二）英语广泛流行

英国在殖民主义扩张时期在众多国家中占有绝对优势，在殖民地强行推行英语，将其作为官方语言。在官方的强迫下，英语在英属殖民地流行起来，成为主要的社会交际语言。而英属殖民地遍布世界各地，也就意味着英语分布的广泛性，为英语发展成为世界通用语做好了铺垫。直到18世纪后期，世界各国开始发生独立运动，英国的殖民地范围开始缩小。但是语言在发展的过程中有永恒的社会性和非阶级性，语言在使用的过程中融入了人们的生活、生产等各个领域，不会因为统治者的离开而消失，它已经在人的大脑中留下了深深的印痕，并与周围的事物、概念等建立起了牢固的关系，而且会在社会发展中发挥其应有的功能，不断影响着人们的生活，不断传播。英语就是这样，它并没有因为殖民者的离开而消失，反而顺着自然的发展规律向更多领域延伸，成为全球的通用语言。

（三）应用语言学的发展

20世纪40年代之前，英语仅是一种国际化的交际工具。两次世界大战之后，英语的语言空间和势力范围得到了很好的发展，不仅发展成国际第一交际语言，而且占据了德语的国际科技语言地位。世界各国的学校纷纷开设英语课程，很明显英语已经成了各国社会文化、教育的需求。

根据英语应用语言学研究的对象和方法，可以分为计算机语言学、心理语言学、社会语言学、语言病理学等多个语言学分支。近年来最受语言学家关注的是社会语言学和心理语言学，二者与现代英语语言教育关系密切。社会语言学提出了交际能力和意念功能两个概念。传统的语言学之所以会走向衰败，是因为传统的语言学只注重语言的内在性，将其视为一个封闭的系统。但是，语言是具有外向性的，而且语言的外向性能够促进语言的发展，使语言变得更加丰富。可以说，从语言的诞生之时起，它就具备交际功能。当然，注重语言外向性的研究，不代表要忽视语言的内在性，相反运用应用语言学和结构语言学研究英语的时候，需要加强对语言内在属性的研究，才能更好地发挥其外向的语言交际功能。

二、当代英语语言学的发展趋势

从研究对象来看，语言学有两大明显的发展趋势：第一，从微观研究转向宏观研究，即从语言本身的系统研究转向跨学科研究，因此在近年来出现了许多交叉学科的语言学研究，如文化语言学、认知语言学、跨文化交际学等。第二，从形式主义研究转向功能主义研究，如在20世纪美国语言学家乔姆斯基率先提出了行为主义不能解决自然语言的问题，他提出了一种新的语言学理论，即转换语法，用以解释基本的语言结构以及人类关于自己语言的知识，即人类需要区分唯心的语言能力和现实的语言操作。所谓语言能力就是根据直觉来判断哪些语言是可以接受的句子，就是抽象的语言知识；所谓语言操作就是人实际产生的一些句子，这样的句子经常使用比较简单的语法结构。

在1986年他又提出了外化的语言和内化的语言，前者是指进行语言抽样，然后理解它们的特征，以语法的形式来描述一种语言的规则；后者是指说话人对自身语言的知识。当代语言学家的主要目的就是研究内化的语言，就是以语法来描述语言知识而不是描述实际产生的句子，内化的语言涉及心理现象而外化的语言涉及社会现象，语言能力是内化语言的一个方面。乔姆斯基还认为语法应该说明句子的基本句法结构，语法产生的句子结构应该说明句子和句子成分如何相关。应该提出的是乔姆斯基的语言学理论已经获得了很大的发展，1995年最新的观点称作最简主义（Minimalism），就是说语言是与规则有关的，句法知识可以用有限的句法规则来表达。也就是说，现代语言学探讨语言本身的结构与功能，即探讨语言的理解、产生和记忆，涉及聆听、阅读、说话、写作以及记忆，也涉及人如何获得语言以及与其他心理系统相互作用的方式。

（一）英语的全球化

我们处在一个开放的时代，全球化是这个时代的标志。所谓全球化，指的是当代人类能够跨越国家和地区的界限，将沟通、联系、影响扩展到全球范围。全球化可以使各国之间相互依存、相互交流、相互补充，加强世界范围内社会、经济、政治、文化之间的联系。

随着科技的进步和信息技术的迅速发展，我们已经进入信息时代，各个国家之间的距离"越来越近"，例如，各国开始出现跨国公司、学者参与国际论坛、外国学者来华讲学等。在全球化发展的影响下，各个国家、民族之间的交流越来越频繁。那么在交流过程中就需要使用共同语言，而将英语作为外语使用的人已经遍布全球，因此，将英语作为共同语言是首选。作为国际通用语言，英语在各个领域都是必不可少的交际工具，如航空、航海、国际贸易等。

（二）英语的区域化

随着社会的发展，一方面，英语已经成了一种国际交往的工具，不再是某一个国家或者民族的专属语言，而是作为一种中性信息媒介使用；另一方面，不再将英国英语和美国英语作为标准英语，而是将英国英语、美国英语、加拿大英语、新加坡英语等在不同国家使用的英语视为不同的国别变态，地位相同，没有哪种好哪种坏，哪种主要哪种次要的分别。

英语的区域化是指一种语言在使用过程中为了适应不同文化和社会环境发生的改变，包括词汇、语音、拼写等多个方面。例如，中国英语就是英语和中国特有的社会文化结合的产物。在词汇方面能够体现中国特有的文化背景、政治方针、社会发展的特点，不同的时期会产生不同的有中国特色的“地方化”词汇，并逐渐转变成英语的通用词汇。

【例 8-12】中国特色的“地方化”词语

qigong 气功

kowtow 叩头

four modernizations 四个现代化

one country two systems “一国两制”

construct clean politics 廉政建设

enterprise contracted production responsibility 企业承包责任制

screen and rectify various kinds of companies 清理整顿各种公司

英语在中国本土被中国人使用，产生具有中国特点的词汇是不可避免的，这是自然的变化和发展。“中国英语”指的就是中国人在中国本土使用，仍然以英语为核心，但具有中国特色的英语。“中国英语”的存在充分说明，英语的区域化的发展是不容否认的事实。

（三）英语的简单化

随着信息时代的到来，科技发展越来越快，国际互联形成，人们的生活节奏也开始加快，交往变得越来越简单。现代人生活方式的一大特点就是说话简单快捷。因此，英语也要顺应这一形式进行转变，现代人说英语变得更为直接。例如，我们让别人发邮件给我们的时候会直接说“Please email me.”。在中世纪人们道别的时候会虔诚地说“God be with you.”，而现代人直接说“Goodbye.”。

参考文献

[1] 刘小涛 . 语言能力和语言知识 [M]. 上海：上海大学出版社，2018.

[2] 许荣富 . 语言的艺术 [M]. 天津：天津人民出版社，2018.

[3] 宋文辉 . 主语和话题 [M]. 上海：学林出版社，2018.

[4] 周晨萌 . 中国当代社会语言学研究 [M]. 北京：对外经济贸易大学出版社，2018.

[5] 李学宁，李向明，宋孟洪 . 系统功能语言学在自然语言处理中的知识表示研究 [M]. 上海：上海交通大学出版社，2019.

[6] 谭爱平 . 认知语言学理论研究 [M]. 成都：西南交通大学出版社，2018.

[7] 陈平 . 引进 · 结合 · 创新——现代语言学理论与中国语言学研究 [M]. 北京：商务印书馆，2017.

[8] 沈莹 . 现代语言学流派简介 [M]. 杭州：浙江大学出版社，2017.

[9] 张叶红，曹玉萍，王烨姝 . 语言学引论 [M]. 北京：北京理工大学出版社，2003.

[10] 李卫东，李英 . 英语语言学实践教程 [M]. 天津：天津大学出版社，2016.

[11] 李芳兰 . 现代汉语语义韵的理论探索与习得研究——语料库语言学视角 [M]. 北京：中央编译出版社，2016.

[12] 刘艳春 . 中西应用语言学研究对比分析 [M]. 北京：商务印书馆，2016.

[13] 戴瑞亮，张建科 . 现代语言学理论综述 [M]. 青岛：中国石油大学出版社，2016.

[14] 王迈 . 语言形式化原理 [M]. 上海：上海大学出版社，2016.

[15] 朱跃，方瑞芬 . 英语语言学 [M]. 合肥：安徽大学出版社，2015.

[16] 卜友红 . 英语语言学及应用语言学研究 [M]. 上海：同济大学出版社，2014.

[17] 许之所，朱汉雄 . 外国语言学研究 [M]. 武汉：武汉理工大学出版社，2014.

[18] 张文勋，段友国 . 现代英语语言学教学术语 [M]. 天津: 天津大学出版社，2014.

[19] 张琳 . 微观语言学视域下音韵、文字、词汇研究 [M]. 济南：山东人民出版社，2014.

[20] 赵彦春 . 认知语言学：批判与应用 [M]. 天津：南开大学出版社，2014.

[21] 池昌海 . 现代语言学导 [M]. 杭州：浙江大学出版社，2014.

[22] 井凤芝，郑张清 . 语言学 [M]. 昆明：云南人民出版社，2012.

[23] 王德春 . 语言学新视角 [M]. 上海：上海外语教育出版社，2011.

[24] 赵云 . 高校英语语言学课程教学模式改革分析 [J]. 当代教育实践与教学研究，2018（01）：190.

[25] 楚晴 . 高职英语语言学理论教学探析——评《英语语言学实用教程》[J]. 教育现代化，2018，5（02）：168-169.

[26] 杨秀芳 . 多维视角下英语语言学理论体系的建构 [J]. 广西民族师范学院学报，2018，35（06）：78-80.

[27] 荣玉 . 多维视角下的英语语言学研究 [J]. 文学教育（上），2018（08）：182.

[28] 戴敏 . 应用语言学的研究现状与展望 [J]. 高教探索，2017（S1）：24-25.

[29] 王娜 . 英语语言学在英语教学中的应用 [J]. 黑龙江科学，2017，8（23）：114-115.

[30] 杨师依 . 多维视角下的英语语言学研究 [J]. 佳木斯职业学院学报，2017（01）：396.

[31] 高文捷，白雪 . 英语语言学的理论体系与构建探讨 [J]. 亚太教育，2016（35）：214.